Studien zum sozialen Dasein der Person

herausgegeben von

Prof. Dr. Frank Schulz-Nieswandt

Band 27

Frank Schulz-Nieswandt

Biberacher „Unsere Brücke e.V.“

Redundanz im bunten Flickenteppich der Beratung, Fallsteuerung und Netzwerkbildung oder Modell der Lückenschließung?

Nomos

Die Deutsche Nationalbibliothek verzeichnet diese Publikation in der Deutschen Nationalbibliografie; detaillierte bibliografische Daten sind im Internet über http://dnb.d-nb.de abrufbar.

ISBN 978-3-8487-4738-2 (Print)
ISBN 978-3-8452-9004-1 (ePDF)

1. Auflage 2018

Inhaltsverzeichnis

Abbildungsverzeichnis

Zusammenfassung/Summary

Schlüsselwörter: Krankenhausentlassung, No Care-Zone, Brückenbildung, Netzwerkbildung, Care und Case Management, Vulnerabilität im höheren Alter.

Vision: Krankenhausentlassung als Risiko älterer Menschen optimieren: *Transitional Care*, um Lücken zu schließen!

Zusammenfassung:

Die Arbeit stellt eine inter-disziplinäre Expertise in Begleitung eines empirischen Mixed-Methods-Design-Projekts angewandter Forschung der Fakultät für Pflegewissenschaft in Vallendar dar, durchgeführt von Hermann Brandenburg und seinem Team (im Auftrag des Landes Baden-Württemberg), zur Sicherstellung von transsektoralen, also posthospitalen bzw. extramuralen Brückenfunktionen im prozessualen Kontext der Passagen des Krankenhausentlassungsmanagements von älteren vulnerablen Menschen im Rahmen eines lokalen Projekts. Es werden schließlich politisch mögliche sozialrechtliche Schlussfolgerungen gezogen.

Anders formuliert: Krankenhausentlassung gemäß § 11 (4) SGB V unter (den hier nicht hinterfragten) DRG-Bedingungen der Krankenhausfinanzierung ist trotz aller Qualitätsmanagementmaßnahmen ein Risiko vulnerabler Menschen im höheren Alter. Das Thema ist als *Transitional Care*-Phänomen der *No Care*-Zonen auch international bekannt. Die Problematik wird in die Diskurs- und Praxisentwicklung von *Caring Communities* systematisch eingeordnet. Es werden sozialrechtliche Perspektiven erörtert. Das Problem ist signifikant evident und durch eine lokale/regionale Vielfalt äqui-funktionaler Lösungen zu bewältigen.

Summary:

An important problem in German Cure and Care System is the risk of vulnerable people in old age with limited social networks in the case of leaving the hospital. Not only under the conditions of the DRG-Regime the problem is well-known in international discussion of the No Care-Zone as the central challenge and about the possible answer around the idea of Transitional Care to cope with the problem. The study is discussing the question actually connected with a real experiment in a local context of the rural region of Biberach (Riß) in South-West of Germany. The analysis was part of a Mixed-Method-Design-Evaluation by the team of Hermann Brandenburg, Faculty of Nursing Science of the Philosophical-Theological University of Vallendar in behave of the ministry of Baden-Württemberg. Some recommendations are given how to use the potentials of social law to find better solutions. From the perspective of the variety of different local/regional socio-political cultures the study is explaining the idea of equi-functional solutions to cope with the challenge.

Vorwort

Was ist der Gegenstand? In Biberach (vgl. www.unsere-bruecke.de) kooperiert ein Krankenhaus mit einem bürgerschaftlich selbstorganisierten Verein, um mit Hilfe von Spenden Pflegefachkräfte in einer Brückenfunktion im Kontext der Krankenhausentlassung älterer, vulnerabler PatientInnen nach Hause hin zu begleiten.

Das Projekt wurde längere Zeit vom „Sozialministerium" des Landes BW (Ministerium für Soziales und Integration des Landes Baden-Württemberg in Stuttgart) im Rahmen der Landesförderung von Innovationsprojekten unterstützt. Teil dieser Unterstützung war die Begleitevaluation durch den Lehrstuhl für Gerontologische Pflege der PTHV unter der engagierten Leitung von Hermann Brandenburg. Sein kompetentes Team (Judith Bauer: qualitativer Teil; Christian Grebe: quantitativer Teil) führte ein komplexes Mixed-Methods-Design durch. Die vorliegende Expertise war integrierter, wenngleich externer Teil dieser wissenschaftlichen Evaluationsarbeit. Die Zusammenarbeit war durch kontinuierlichen Austausch von Wissen, Befunden, Einschätzungen und Bewertungen geprägt. Der gesamte Projektverlauf und die Begleitforschung waren von einem hohen Grad an Transparenz gekennzeichnet.

Die Aufgabe der Begleitforschung und demnach auch der vorliegenden Expertise war es, aus den Befunden heraus im Werte-orientierten Lichte der sozialpolitischen Herausforderungen zwischen Grundsätzlichkeit und Machbarkeit diskutierbare Empfehlungen mit Blick auf eine zukünftige Rolle des Brückenprojekts in Biberach auszusprechen.

Der Abschlussbericht ebenso wie die Expertise werden auf der Homepage des Sozialministeriums des Landes BW öffentlich zugänglich sein. Aus wissenschafts- und hochschulpolitischen Gründen habe ich mich entschlossen, die nochmals überarbeitete Expertise zusätzlich über das wissenschaftliche Buchverlagswesen der fachlich interessierten Öffentlichkeit zur Verfügung zu stellen.

Dem Team der PTHV und auch dem Sozialministerium, insbesondere Herrn Dr. Andreas Marg, danke ich für das Vertrauen und die gelungene Zusammenarbeit.

Vorbemerkungen

Biberach (im Landkreis Biberach an der Riß) ist ein kleiner Ort. Und das zu diskutierende Projekt ist ein kleines Projekt.

In der neueren Kulturgeschichte ist der südwestdeutsche Raum keineswegs unbedeutend. Das gilt politisch mit Blick auf den frühen (sozialen) Liberalismus, für die Philosophiegeschichte insgesamt und erinnert an die große Lyrik Hölderlins, die im Baden-Württembergischen Umkreis angesiedelt ist.

Vor allem aber ist der sozial- und gesellschaftspolitische Kontext (dazu in Schulz-Nieswandt 2016 a), in dem sich das Geschehen abspielt, von großer Diskursreichweite. Besonders herausgestellt werden darf:

a) Der demographische Wandel, der von sozialepidemiologisch definierbaren Transitionen begleitet wird (wobei auch auf die Herausbildung von Multimorbidität in der Hochaltrigkeit netzwerkschwacher Menschen vor der Hintergrundfolie siedlungsstruktureller Wandlungen als komplexe Bedarfslage u. a. fokussiert werden darf [Schulz-Nieswandt 2015b]), wirft Fragen der Generierung lokaler sorgender Gemeinschaften als Hilfe-Mix im Kontext nachhaltiger regionaler Versorgungslandschaften auf.
b) Aus einem Menschenbild personalistischer Denktradition heraus geht es um die Selbstbestimmung im Kontext der Teilhabe am Gemeinwesen, eine Idee, die längst im Wirkzusammenhang eines rechtlichen Mehr-Ebenen-Systems normative Faktizität (Schulz-Nieswandt 2016) geworden ist. Aber die praktische Umsetzung in der sozialen Wirklichkeit kommunaler Räume weist Lücken, Defizite und somit insgesamt Entwicklungsrückstände auf.[1]

   Insofern handelt es sich bei hinreichender systematischer Einordnung des Themas bei Biberach nicht um eine bedeutungslose lokale Geschichte, sondern um ein Gestaltungsproblem im System der Versor-

---

1 Darüber habe ich in zahlreichen vorausgegangenen Publikationen (u. a. zur medizinischen Integrationsversorgung, zum Wohnen im Alter, zur demenzfreundlichen Kommune, zur Europäisierung der Sozialpolitik, zur Anthropologie und Ethik dieser Themen etc.) wie auch in neueren Publikationen (Schulz-Nieswandt 2017; 2017 a; 2017 b) gearbeitet.

gung im Gesundheits- und Sozialwesen, Pflege eingeschlossen. Insofern sind neue Wege – grenzüberschreitend zur bisherigen Pfadabhängigkeit der Systeme, der Sektoren, der Institutionen und der mentalen Modelle der Menschen – zu beschreiten (Schulz-Nieswandt 2016 b).

Einführung

Die Erstellung dieses Gutachtens (vgl. auch Schulz-Nieswandt 2017a; 2017b) begleitete die Projektevaluation über einen längeren Zeitraum hinweg:

- Im November 2015 hatte ich im Zusammenhang mit einer konzeptionell orientierten Präsentation der Problemstellung in einem Meeting in Tübingen
- eine erste Fassung zum sozialpolitisch-sozialrechtlichen Expertisenteil vorgelegt.
- Nach einem 2., überarbeiteten Zwischenbericht dieser Analyse vor allem auch mit Blick auf
- das Projekttreffen am 25. Oktober 2016 an der PTH in Vallendar
- sowie nach einem *status quo*-Gespräch ebenfalls an der PTH in Vallendar am 13. Juli 2017 zur Vorbereitung der Abschlussveranstaltung am 8. Dezember 2017 in Biberach
- wird nun die Endfassung der Expertise vorgelegt. Eingegangen ist auch die Diskussion der besagten Abschlussveranstaltung am 8. Dezember 2017 in Biberach, in der die Ergebnisse der Expertise im Rahmen einer Präsentation zugänglich gemacht worden sind.

Die Endfassung berücksichtigt einige gedankliche Nacharbeitungen infolge der Gespräche, auch Anregungen durch Herrn Dr. Marg, insbesondere und ferner die empirischen Begleitforschungsergebnisse, da sie für diese Fassung des Endberichts (z. T. ergänzt um Powerpoint Präsentationen) ebenfalls in Berichtsform vorlagen, die quantitativen[2] und die qualitativen Studienteile umfassend.

---

2 Die quantitativen Befunde sind durchaus beeindruckend. Wenngleich die Studie in ihrem Kontrollgruppendesign nicht randomisiert werden konnte (allerdings durch eine Kovarianzanalyse von Interventions- und Kontrollgruppe in der Ausgangssituation reflektiert worden ist), sind doch einige auffallende Effekte zu konstatieren. In der Interventionsgruppe wurden durch Nutzung validierter Skalen starke Verbesserungen in Hinsicht auf die erlebte Transitionsqualität, hinsichtlich der gesundheitsbezogenen Lebensqualität und des habituellen Wohlbefindens sowie der allgemeinen Lebensqualität gemessen und dargelegt. Die Zufriedenheit der NutzerInnen mit der Brückenfunktion war sehr hoch. Vor allem wurden im qualitativen Studien-

Zur eigenen Haltung gegenüber der Thematik sei gesagt, dass die grundsätzlich positive Einstellung gegenüber der notwendigen Implementation solcher Brückenfunktionen angesichts der No Care-Zonen im Kontext der Krankenhausentlassung eine methodisch kontrollierte Distanz zum konkreten Projekt, ihrer Blaupause sowie der gelebten Wirklichkeit der Blaupause nicht ausgeschlossen, sondern als wissenschaftliches Nähe-Distanz-Management explizit erwünscht ist. Um dies zu veranschaulichen: Die von Brandenburg u. a. in den Jahren 2016 sowie 2017 intern vorgelegten Zwischenberichte und Berichtsmaterialien haben u. a. bereits früh indikativ herausarbeiten können, dass es der Arbeit der Brückenschwestern an einem eindeutigen und verbindlich einheitlich kommunizierten Profilkonzept fehlt, besser: mangelt.[3] Dies ist natürlich problematisch, denn davon hängt die Effektivität entscheidend ab. Und davon hängt auch die Definition des Qualifizierungsbedarfs der Akteure ab. Methodologisch (Schulz-Nieswandt 2016 c) muss in Erinnerung gebracht werden (vgl. auch weiter unten in Kapitel V), dass die Kosten-Effektivität eine Frage der Ziel- und bedarfsdeckenden Zielgruppenerreichung in Abhängigkeit von einer Input-Output-Optimierung im Sinne betrieblicher Effizienz ist.

Wenn einleitend bereits auf ein Entwicklungsdefizit in der Projektaufstellung hingewiesen wird, präjudiziert diese frühe kritische Bemerkung nicht die Gesamtbewertung. Vielmehr muss im Rahmen einer Evaluation grundsätzlich unterschieden werden zwischen drei Ebenen der Analyse:

a) Die abstrakte, wenngleich aus empirischer Evidenz sich speisende Betrachtung der Notwendigkeit der *Funktionalität* der analysierten Gebilde in der sozialräumlich verstehbaren *topographischen Verankerung* im lokalen bzw. regionalen Versorgungssystemgeschehen. Dazu wird in der vorliegenden Analyse ein *Sozialraum-Mehr-Ebenen-Modell* in Anschlag gebracht, welches eine solche Beurteilung erlaubt (vgl. vor allem in Kapitel III i. V. m. Kapitel VII).
b) Wie ist das Gebilde *morphologisch* aufgestellt? Dies ist die Frage nach der für die Funktionalität wichtigen Gestalt: Was ist die Blaupause?
c) Und sodann aufbauend sei gefragt: Wie wird die Blaupause umgesetzt und praktisch gelebt?

---

teil positive Effekte im Erleben von Vertrauen, Angst- und Unsicherheitsreduktion, Orientierungshilfe, Alltagsstabilisierung und Einsamkeitsbewältigung aufgezeigt.

3 Unklar scheint auch mit Blick auf juristische Fragen die (Gefahr der) Wahrnehmung und Erledigung von medizinisch-pflegerischen Behandlungsaufgaben durch die mobilen Pflegefachkräfte zu sein.

Aber nochmals sei betont: Mögliche diagnostizierte Entwicklungsprobleme sind nun aber kein Argument gegen die bedarfswirtschaftliche und versorgungspolitische Notwendigkeit solcher Bausteine der vernetzten Versorgungssicherstellung im Kontext (dazu weiter unten mehr) von No Care-Zonen (klassisch: Wallace 1990; Estes/Swan 1993).

Die angeführte Evaluationsdimension a) dürfte evident sein. Sie wird in der vorliegenden Expertise nochmals skizziert.

Erneut sei als Fazit der Gedanke formuliert: Zwischen der abstrakten Idee der Notwendigkeit solcher Brückenfunktionsmodule im Feld der No Care-Zonen einerseits und der konkreten Blaupause und der noch konkreteren Art, diese Blaupause faktisch im Alltagsgeschehen zu leben andererseits, besteht eine Differenz, die letztendlich beurteilungs- und bewertungsrelevant ist.

*

Der erste Zwischenbericht zu dieser Expertise 2015 und seine Überarbeitung im Jahr 2016 hatten auf die kritische Relevanz der Metapher des Labyrinths (Schulz-Nieswandt 2016 a) in diesem Erfahrungsfeld verwiesen. Ein solch bildsprachlicher Zugang hätte also so seinen Sinn. Dergestalt wird es nämlich möglich, den Alltag des Menschen in seinen lebensweltlichen Verstrickungen und seinen Mobilitäten im System durchaus als soziales Drama zu verstehen. Aus Gründen der Seinsverfassung des Menschen – er ist im Lebenslauf als ein Sein zum Tode hin unvermeidbar existenziell vulnerabel – wird selbst die beste Sozialpolitik dem Menschen diese dramatische Seite seines nicht selten tragischen Daseins (Schulz-Nieswandt 2015 a) nehmen können (so schon der Mythos von der Erfahrung des Orpheus, seine geliebte Eurydike nicht aus dem Hades wieder befreien zu können). Aber vielleicht kann man dennoch anders bzw. besser Regie führen, das Drehbuch umschreiben, die Theaterinszenierung innovativer choreographieren und die Performanz des Lebens steigern?

Brücken werden in der Versorgungslandschaft vielfach gebaut. Die Bildsprache der Landschaft ist ebenfalls sinnvoll genutzt. Der Begriff der Versorgung, um dies kurz einzuschieben, bevor sich die Metaphernanalyse den Implikationen des Landschaftsbildes zuwenden kann, soll keineswegs Paternalismus und anachronistische Logik entpersonalisierender Fürsorge zum Ausdruck bringen. Care umfasst vieles: Behandlung, Betreuung, Pflege, Beratung, aber durchaus alles (angesichts neo-liberaler Verfälschungen dieser Idee) achtsam im Lichte von Befähigung und aktivierender Arbeit mit und durch den Menschen in der Rolle des Leidens, des *homo patiens*.

Mit Blick auf vorgängige Publikationen von mir führe ich hier nun keine differenzierte metaphorologische Mythopoetik zum Themenkreis aus. Es werden also keine Geschichten (*story-telling*) erzählt, die meine Erkenntnisinteressen und erste zentrale Analysebefunde hermeneutisch zugänglich machen und anthropologisch plausibilisieren. So wäre allerdings die Identität des Themas narrativ gesichert. Dennoch sei aber angemerkt: Es geht in der vorliegenden Studie um die Dynamik der Transformation (Schulz-Nieswandt 2015) *von der Lücke zur Brücke* (Joosten 2007).

So schimmert also wieder meine oftmals genutzte philosophisch-anthropologische Bildsprache vom Labyrinth durchaus durch: Der *homo patiens* irrt im fragmentarischen System herum. Ich habe jedoch so oft darüber im Schrifttum gehandelt, dass ich auf diese – wenngleich wohl immer wieder produktive – Redundanz weitgehend im Sinn von Ausführlichkeit und Tiefe verzichten möchte.

Aber dennoch sei die Blickweise nochmals kurz definiert. Mythologiegeschichtlich sind zwei Formen des Labyrinths kulturell in unserer kollektiven Erinnerung vererbt worden: Der Typus von Labyrinth, wobei, und dies als unbeeinflussbares Schicksal verstanden, der Weg in das Innere des Labyrinths führt und der Mensch seiner Opferung für den Minotaurus nicht entgehen kann. Der zweite Typus bietet Möglichkeiten des Sich-Verirrens, des Herumirrens wie im Fall von Odysseus in der Ägäis. Dieser Typus ist, mitunter psychodynamisch zu de-chiffrieren, eine Metapher für das menschliche Leben schlechthin. Der Mensch ist, wie es in der theologischen Philosophie lautet, ein *homo viator*: ein (sinn)suchender Mensch. Er kann dabei sein Dasein verfehlen, irren, Ziele verpassen, schon im Sich-Selbst-Entwerfen seine Daseinsführung verfehlen. Der Mensch braucht demnach Orientierungen im Labyrinth, wie einst der griechische Held (Perseus) den Faden seiner Geliebten (Ariadne).

Die Philosophie nennt das Lichtung, im Sozialrecht geht es um Beratung, Fallsteuerung, Netzwerkarbeit.

Aktuell werden (vgl. auch unten im Ausblick des Kapitel IX) Lösungspfade im Lichte einer Sozialraumorientierung und einer (nicht auf urbane Räume beschränkten) quartiersbezogenen Netzwerkarbeit – u. a. vom Kuratorium Deutsche Altershilfe (KDA) mit vorangetrieben – im Sinne von *Community (Care) Building* gesehen.

Der Sozialraumgedanke stellt dabei ab auf die *moralökonomischen* Einbettungswirkungen der sozialen Netze, worunter im Sinne von Sozialkapital (Nutzen bzw. Funktionen der Investition in soziale Netze)

- die soziale Unterstützung,
- die soziale Integration,
- die Rollenangebots-bezogene Personalisierung

zu verstehen sind.

Dieses Themenfeld ist auch im Zuge eines Symposiums zum Thema „Versorgungsforschung an der Schnittstelle vom Krankenhaus zum Nachsorgesektor“ im Rahmen des DGGG-Kongresses 2016 in Stuttgart[4] deutlich thematisiert worden. Hier wurden verschiedene lokale Modelle rund um das Thema vorgestellt und auch vergleichend diskutiert. Diese vergleichende Analyse wird im Rahmen des sog. VEKTOR-Projekts im Auftrag des Sozialministeriums in BW von Brandenburg u. a. noch fortgeführt.[5] Institutionelle und professionelle Versorgungskontexte, Zielgruppen und

---

4 Im Ankündigungstext lautete es: „Die Planung der Nachsorge nach Krankenhausaufenthalt ist gerade bei alten Menschen häufig ein komplexes Unterfangen, das medizinische, pflegerische und sozialarbeiterische Themenbereiche tangiert und durch kurze Liegezeiten noch zusätzlich erschwert wird. Gelingt eine gute Nachsorgeplanung nicht, so besteht die Gefahr einer prekären häuslichen Versorgungssituation. Ein weiterer Ressourcenverlust, Akutereignisse sowie erneute Krankenhausaufenthalte können die Folge sein. Die vier vorgestellten Studien beleuchten aus unterschiedlichen Perspektiven die Praxis der Kliniküberleitung und beschreiben Handlungserfordernisse und Lösungsansätze für einen gelingenden Übergang vom Krankenhaus in die häusliche Wohnsituation.“ Dabei ging es um folgende vier Projekte: a) Begleitete Entlassung aus dem Krankenhaus – Absicherung des Übergangs durch gezielte Beratung von Angehörigen. Ergebnisse und Erkenntnisse zur Fundierung eines Beratungskonzepts an der Tropenklinik Paul-Lechler-Krankenhaus, Tübingen von Prof. Dr. Annette Riedel M.Sc., Hochschule Esslingen; Regina Michaletz-Stolz M.A., Katrin Stopper M.A., Eva Schmedding B.A., Tropenklinik Paul-Lechler-Krankenhaus Tübingen; b) „Brückenpflege“ – Nachbetreuung vulnerabler Patienten nach Entlassung. Die Evaluation poststationärer Betreuung – Biberach (EPOS- B) von Judith Bauer MScN, Christian Grebe MScN, Philosophisch-Theologische Hochschule Vallendar; c) „Vom Heim nachhause“ – Soziale Beratung für Kurzzeitpflegegäste nach Krankenhausaufenthalt. Ergebnisse der wissenschaftlichen Begleitung von Dr. Marion Bär, concept.alter Heidelberg; Dr. Petra Schönemann-Gieck, Institut für Gerontologie Heidelberg; d) Kommunale Ansätze zur Optimierung von Krankenhausaufenthalten älterer Menschen. Empirische Befunde im `Wiesbadener Netzwerk für Geriatrische Rehabilitation – GeReNet.Wi´ von Dr. Petra Schönemann-Gieck, Universität Heidelberg.

5 Diese vergleichende Analyse, beteiligt sind Heidelberg, Mannheim, Tübingen und Vallendar, wird im Rahmen des sog. VEKTOR-Projekts (VEKTOR: „Verbund zur

in der Folge die Bedarfslagen unterscheiden sich hier in komparatistischer Sicht. Deutlich wurde, dass es nicht falsch ist, lokale Vielfalt zu fördern. Eine solche regelversorgungsfähige Förderpolitik äqui-funktionaler Lösungen macht Sinn, wenn die Vielfalt lokaler Kulturen und regionaler Bedarfslagen Beachtung finden.

Sinnvoll erscheint keine schematische Universallösung für die Gesamtfläche. Vielmehr geht es evolutorisch um die Suche und Findung passungsfähiger funktionaler Äquivalente. Das haben auch viele andere Projekte angewandter Begleitforschung von mir gezeigt, also als Erfahrung lehren können.

Äqui-funktionale Lösungen (vgl. auch weiter unten in III) setzen aber in der vergleichenden Effektivitätsanalyse vergleichbare betriebliche Sozialgebilde voraus. Geht es um gleiche Ziele, Bedarfs- und Lebenslagen, gleiche Zielgruppen in kontrollierbaren Settings?

Gerontologisch (vgl. dazu auch Brandenburg/Becker 2014; Brandenburg/Güther 2015) fundiert und kontextualisiert im Themenkreis kommunaler sozialer Daseinsvorsorge (Schulz-Nieswandt 2014 a) habe ich – wie weiter oben schon angesprochen – umfänglicher als hier dargelegt in dem von mir monographisch verfassten 2017er Beiheft der Zeitschrift für öffentliche und gemeinwirtschaftliche Unternehmen mit dem Titel „Kommunale Daseinsvorsorge und sozialraumorientiertes Altern. Zur theoretischen Ordnung empirischer Befunde“ (Schulz-Nieswandt 2017 b[6]) abgehandelt.

Erstellung einer Expertise zur krankenhausbezogenen und transsektoralen Überleitungsoptimierung bei Risikopatienten“) im Auftrag des Sozialministeriums in BW unter Mitwirkung von Brandenburg u. a. noch fortgeführt.

6 Komplexer entfaltet in onto-anthropologischer Weise in Schulz-Nieswandt 2017 a.

I. Aufgabenstellung

„Von der Lücke zur Brücke": Darum geht es – und zwar in Übereinstimmung mit dem Geriatriekonzept im Land Baden-Württemberg (Ministerium für Arbeit und Sozialordnung, Familie, Frauen und Senioren 2014, S. 8 f.) – hier nun (Joosten 2007).

Das dringliche Thema kann insgesamt in den Diskurs um die zukunftsorientierten geriatrisch-rehabilitativen Strukturen der Versorgung in Baden-Württemberg (Landtag von Baden-Württemberg 2014; Walter/Naegele u. a. 2012) eingeordnet werden. Das Land BW realisiert ja auch in seinem Gewährleistungsauftrag (u. a. gemäß § 9 SGB XI, aber auch angesichts der Rolle der Länder in der Krankenhausbedarfsplanung als Daseinsvorsorgeaufgabe) Programme zur Förderung von Innovationsideen. Das vorliegende Biberach-Modell gehört dazu.

Auch auf das vom DIP evaluierte Projekt „PräSenZ" zum Thema präventiver Hausbesuch in Kommunen des Landes BW ist zu verweisen (zu einigen Informationen vgl. www.dip.de). Hierzu liegt jedoch noch kein Bericht vor.

Das Thema ist im vor-pflegerischen Feld angesiedelt, womit allerdings sogleich auch eine Schwachstelle angezeigt ist. Denn die Trennung von SGB V und SGB XI mag der Logik des Kausalprinzips des bundesdeutschen Säulensystems der Sozialgesetzbücher folgen, wirft aber im Alltag Schnittstellenprobleme auf, erschwert (verhindert) ganzheitlich-integrierte Lösungen und blockiert den präventiven – bzw. choreographischen – Blick auf die PatientInnenkarrieren und die Pflegebedürftigkeitsbiographien. Ob insbesondere die Stärkung der Kommunen im Rahmen des PSG III – ich persönlich halte das PSG III (war das politisch sogar gewollt?) für ein bürokratisch sich selbst zerstörendes Gebilde – eine Wirkung erzielen wird, bleibt derzeit politisch noch ungeklärt.

Die Expertise behandelt die Frage, ob und inwieweit bestehende Strukturen durch das Brückenschwestermodell ergänzt werden, unsinnige Doppelstrukturen jedoch vermieden werden. Dies umfasst insbesondere das Versorgungsmanagement nach § 11 (4) SGB V. Das in der Fachliteratur überaus breit diskutierte Entlassungsmanagement (Janzen 2014) nach § 39 SGB V (das GKV Versorgungsstärkungsgesetz [GKV VSG] betont die sektorübergreifende Versorgung im Zuge des Entlassungsmanagements gemäß § 11 [4] SGB V, rechtlich explizit definiert als Teil der Krankenhausbehandlung gemäß des § 39 SGB V) stellt den Kontext der ganzen vorliegenden Expertise dar. Das ist die Ankerfunktion von § 11 (4) SGB V für die Diskussion von möglichen post-hospitalen Netzwerkbildungen.

Relevant sind ferner die Pflegeberatung[7] nach § 7 a SGB XI und die Beratung durch Pflegestützpunkte nach § 7 c SGB XI (früher § 92 c SGB XI) u. a. m.

*

Diese gesamte Aufgabe der Expertise von mir als Hintergrund der wissenschaftlichen Begleitforschung durch Brandenburg u. a. ist dem Projektevaluationsantrag „Nachstationäre Betreuung zur Wiedererlangung der Alltagskompetenz im häuslichen Umfeld durch den Förderverein ‚Unsere Brücke' Biberach e.V." von Univ.-Prof. Dr. Hermann Brandenburg der Pflegewissenschaftlichen Fakultät der PTH Vallendar zu entnehmen. Dieser Antrag ist indirekt zugänglich, denn der Abschlussbericht (Brandenburg u. a. 2017) paraphrasiert nochmals die Ausgangslage, das Projekt und den Evaluationsauftrag.

*

Das Biberach-Modell der Brückenschwester lässt sich, wie im Antrag, so auch aus den Homepageinformationen des Vereins (www.unsere-bruecke.de) entnehmen.

Zunächst ist die grundlegende Abgrenzung zur „Brückenschwester" als Pflegeüberleitung von Tumorpatienten im Kontext der Regelversorgung im Land BW ins häusliche Umfeld zu betonen. Das Biberach-Modell ist auf die Indikation und – davon unabhängig sind die Strukturen, die hier angedacht sind, über die Themenfelder hinweg (vgl. unten Kapitel IX) analog zu denken – auf diesen damit konkret am Ende des Lebens angebundenen palliativen Care-Bezug nicht fixiert. Auch ist es wichtig zu notieren, dass im Fall der Tumorversorgung (analog zu DRG-finanzierten Prozessen in der Psychiatrie in Sachsen: Fallbeispiel Görlitz) die Krankenkasse z. T. die Pflegeüberleitung refinanziert (über Krankenhaustagespflegesätze oder über SAPV-Kassenverträge).

7 Hier ist demnächst die 5. Auflage des Kommentars zum SGB XI (Baden-Baden: Nomos) heranzuziehen.

Biberach ist in der Vereinsform weitgehend auf Spenden angewiesen. Das indiziert die Fragilität und die Vulnerabilität des Projekts im Sinn der – *gebildeorganisationsbiographischen* – Nachhaltigkeit.

Aus diesen Spenden werden die Pflegefachkräfte aus dem Krankenhaus im Modus genehmigter Nebentätigkeit finanziert.

Mit Blick auf die gegebene Fragestellung der Expertise ist es ganz bedeutsam, dass der Patientenkreis des Biberach-Modells chronisch Kranke mit Netzwerkschwächen[8] (z. B. Single-Haushalte[9] mit Multi-Morbidität) ohne festgestellte Pflegebedürftigkeit ist, Leistungen des SGB XI also nicht zur Geltung kommen, auch nicht die zunehmend wichtigen – weil auf die Daseinsbewältigung im Alltag abstellenden – niedrigschwelligen Ergänzungs- und Betreuungsleistungen (vgl. § 45 a ff. SGB XI), deren empirische Begleitforschung auch noch nicht allzu weit vorangeschritten ist[10].

Insofern kristallisiert sich die These heraus, dass sich das Biberach-Modell auf eine leistungsrechtliche Versorgungslücke zentriert. Auch im niederländischen Modell der kommunalen (kommunal getragenen) Sicherstellung der personenzentrierten örtlichen Versorgungsnetzwerke werden dem Grunde nach gemäß dem Subsidiaritätsprinzip die alltagsbezogenen Leistungen ohne leistungsrechtliche Überschneidung mit Kranken- und Pflegeversicherung gewährt. Die Niederlande (Smits u. a. 2013) haben in diesem Setting einen international sehr hohen Grad der De-Institutionalisierung erreicht.

Diese These kann noch anders formuliert werden. Es geht um das – auch ethisch hoch relevante – fundamentale Problem der No Care-Zonen nach Krankenhausentlassung. Mit Blick auf die Gestaltung der Strukturen des Sozial- und Gesundheitswesens durch die Gesetzgebung kann man sich fragen, ob hier hinreichend die Prozesse ermöglicht werden, die (vgl. Schulz-Nieswandt 2015 b) der daseinsvorsorgepolitische Verfassungsauftrag des bundesdeutschen sozialen Rechtsstaates nach Art. 28 GG i. V. m. Art. 72 GG im Lichte des § 1 SGB I Art. 20 GG vor dem Hintergrund von Art. 2 auf der Grundlage von Art. 1 GG (Schulz-Nieswandt 2017; 2017 a)

---

8 Differenziert werden muss zwischen Netzwerklosigkeit, Netzwerklücken oder Netzwerkschwächen z. B. infolge begrenzter Erreichbarkeit oder auch begrenzter Belastbarkeit der Netzwerke.

9 Kritisch anzumerken wäre aber, dass Single-Haushalte – ein Konstrukt der amtlichen Statistik – durchaus haushaltsübergreifendes Sozialkapital aufweisen können.

10 Zu verweisen ist nunmehr auf den Abschlussbericht von Prognos/KDA 2017.

sowie auch vor dem Hintergrund des Völkerrechts (der UN-Konventionen) und des europarechtlich (in EUV/AEUV) konstitutionell abgesicherten Grundrechts auf freien Zugang zu den Sozialschutzsystemen und den Dienstleistungen von allgemeinem Interesse (Schulz-Nieswandt 2016) gewährleistungsstaatlich (vgl. auch Schulz-Nieswandt 2014 a) vorsieht.

Die soziale Wirklichkeit des deutschen Sozial- und Gesundheitswesen ist ja umfassend analysiert. Zu allen Lebensphasen im Lebenszyklus liegen Sozialberichterstattungen sowie andere Reporte zur Versorgung vor. Ein zentraler und offensichtlich dauerhafter Befund der Sachverständigengutachten im Gesundheitswesen (SVR) ist die Gleichzeitigkeit von Unter-, Fehl- und Überversorgung auf der Grundlage hoher Gesundheitsleistungsquoten. Komplexe Systeme werden natürlich immer ein Δ aufweisen zwischen SOLL und IST. In der Sprache von *social engineering* geht es um Optimierung im Zusammenhang von Struktur-, Prozess- und Ergebnisqualität. Insofern liegen immer Wirtschaftlichkeitsreserven ebenso vor wie unausgeschöpfte Qualitätspotenziale. Das System wird hier permanentem Stress von Lernprozessen und Change Management ausgesetzt.

Hier ordnet sich weitgehend ungelöst das Thema der No Care-Zonen im System der Schnittstellen eines sektoralisierten und fragmentierten Versorgungssystems ein (Schulz-Nieswandt 2010). Weitgehend – gemeint ist das uneinheitliche Puzzle der bundesdeutschen Versorgungslandschaft: Es handelt sich um einen Flickenteppich; allerdings mit erheblichen Löchern. Wendet man sich im föderalen System der eigengesetzlichen Bundes- und Landesebene letztendlich – wie auch im 7. Altenbericht der Bundesregierung (vgl. www.dza.de) und auch in der Tradition der Welfare-Mix-Idee des Zweiten Engagementbericht(s) der Bundesregierung (vgl. auch www.zweiterengagementbericht.de) – der kommunalen Ebene zu, so wechseln lokale Beispiele der guten Vorbilder und der Gestaltungsdefizite und insofern des Gelingens und des Scheiterns am Demographiemanagement ab. Die Bundesrepublik Deutschland steht im kollektiven Bewältigungsprozess der Alterung so da, wie das Bild vom Glas Wasser zum Ausdruck bringt: Es ist einerseits halb leer, andererseits halb voll. Viel ist getan, vieles bleibt noch zu tun.

Im Zentrum steht die Förderung der Ressourcensituation der Lebenslagen und der Alltagskompetenz. Beides steht (transaktional) in Wechselwirkung. Daher ist die Organisation der Versorgung und koordinierend des Netzwerkes im Vordergrund, ebenso Beratungsleistungen und weitere präventive Leistungen (dabei Schnittflächen zu Modellen des präventiven

Hausbesuchs[11] aufweisend), um die Teilhabechancen der Menschen im Sozialraum zu fördern, nicht aber die Pflege selbst.

Konzeptionell ist demnach herauszustellen, dass die Brückenschwesterarbeit also bereits innerhalb der Klinik beginnt, jedoch die Grenzen des Krankenhauses überschreitet und als mobile externe Satelliten des Krankenhauses um das häusliche Wohnsetting netzwerkbezogen tätig wird, also die Menschen in der Mikrowelt des Wohnens sozialraumorientiert im Quartier netzwerkbildend begleitet. Damit hat die Arbeit – zunächst auf den ersten Blick – Ähnlichkeiten zur Pflegestützpunktarbeit, sofern diese über die Beratung hinaus Fallsteuerung und lokale Netzwerkarbeit betreibt, allerdings – auf einen zweiten Blick – eben pflegezentriert im Geltungsbereich des SGB XI verankert ist, jedoch in Fragenkreise des SGB V hineinreicht. Im Land BW werden Pflegestützpunkte in der Folge auf Grund solcher Externalitäten auch von den SGB V-Kassen mitfinanziert.

Zum Krankenhaus wie zum Pflegestützpunkt gehört im Rahmen der lokalen Netzwerkbildung die Einbindung der Selbsthilfegruppen (Schulz-Nieswandt 2015 c; Schulz-Nieswandt/Langenhorst 2015; Kofahl/Schulz-Nieswandt/Dierks 2015), beim Krankenhaus vor allem auch dann, wenn es als „Selbsthilfefreundlich" zertifiziert sein will.

Das ganze Themengebiet, in einem leicht zugänglichen deutschen Fachschrifttum (in Fachzeitschriften [zur Gerontologie, Pflegewissenschaft und Gesundheitsforschung] ebenso wie in Lehrbüchern [in Fachverlagen wie Kohlhammer, Huber/Hogrefe, Mabuse etc.]) breit diskutiert, zentriert sich um das Entlassungsmanagement, geregelt in § 11 (4) SGB V, wobei dieser Anspruch auf Versorgungsmanagement als Teil der Leistung des Krankenhauses gemäß § 39 (1) SGB V, näher zu regeln durch Verträge der Landesverbände der Krankenkassen und Krankenhäuser nach § 112 SGB V, ist. Hinzu kommt die Bedeutung von § 31 (2) Landeskrankenhausgesetz in Baden-Württemberg.

Wir haben also kein Erkenntnisproblem, sondern ein Handlungsproblem. Aber auch hier muss angesichts vieler Modellversuche und Praxisbeispiele das Rad nicht neu erfunden werden.

---

11 Hier siedelt sich die Kontroverse um die pflegepräventiven Hausbesuche an. Allerdings sind hier auch die Ergebnisse der wissenschaftlichen Begleitung des Modells der Gemeindeschwester^{plus} in RLP durch das DIP (www.dip.de) abzuwarten, wobei die Evaluation in den Händen eines Teams der Universität zu Köln unter Leitung des Verfassers liegt.

*

Die Begrifflichkeiten (vgl. auch im Abschlussbericht von Brandenburg u. a. 2017) sind jedoch in der ganzen Diskurslandschaft nicht einheitlich. Pflegeüberleitung (Überleitungsmanagement) kommt dem Thema der Brückenpflege nahe, da es um die Gewährleistung der post-stationären Versorgung geht, auch um die Fehlbelegung im Krankenhaus zu vermeiden und Drehtür-Effekte zu umgehen. In Österreich ist von Übergangspflege die Rede, in Deutschland ist damit aber die Kurzzeitpflege gemeint, ähnlich bei den schweizerischen Spitex. Weniger Ähnlichkeit als im Fall der Pflegeüberleitung ist der Begrifflichkeit der Überleitungspflege eigen, da es hier um den Pfad vom Krankenhaus in weitere stationäre oder ambulante Pflegesettings geht.

Brückenpflege ordnet sich im Kontext von Case Management ein und fokussiert auf *transitional planning*, eine Thematik, die im englischsprachigen Forschungsschrifttum breit erörtert wird (Coleman/Mahoney/Parry 2005; Dossa/Bokhour/Hoenig 2012; Foust/Vuckovic/Henriquez 2012; Gioasa u. a. 2014; Williams u. a. 2006).[12]

12 Manville/Klein/Bainbridge 2014; Logue/Drago 2013; Gardner u. a. 2014; Courtney u. a. 2011; Naylor 2000; 2004; Naylor u. a. 2004; 2009; Wong u. a. 2012; Stauffer u. a. 2011.

II. Bridging-Funktionen im Kontext von Krankenhausentlassung

Nochmals: Es geht um das – auch ethisch hoch relevante – fundamentale Problem der *No Care-Zonen* nach Krankenhausentlassung. Mit Blick auf die Gestaltung der Strukturen des Sozial- und Gesundheitswesens (Schulz-Nieswandt 2010) durch die Gesetzgebung kann man sich – nochmals ausformuliert – fragen, ob hier hinreichend die Prozesse ermöglicht werden, die der daseinsvorsorgepolitische Verfassungsauftrag des bundesdeutschen sozialen Rechtsstaates auch vor dem Hintergrund des Völkerrechts und des europarechtlich konstitutionell abgesicherten Grundrechts auf freien Zugang zu den Sozialschutzsystemen und den Dienstleistungen von allgemeinem Interesse mit Blick auf § 1 SGB I gewährleistungsstaatlich vorsieht (Schulz-Nieswandt 2016; 2017 b).

Und erneut: Das Thema (vgl. auch Gröning/Sander/Kamen 2015) zentriert sich um das *Entlassungsmanagement*, geregelt in § 11 (4) SGB V, wobei dieser Anspruch auf Versorgungsmanagement als Teil der Leistung des Krankenhauses gemäß § 39 (1) SGB V ist, näher zu regeln durch Verträge der Landesverbände der Krankenkassen und Krankenhäuser nach § 112 SGB V.

§ 11 (4) SGB V schafft eine *Landzunge* über die Schwelle der Krankenhausausgangstür hinaus; mehr aber nicht.

Was nicht entsteht, das sind – in der Sprache von Michel Foucault (dazu Schulz-Nieswandt 2016 b) – neue *heterotope* Räume. Diese würden eine neue Kultur des sozialen Miteinanders (Schulz-Nieswandt 2014) zum Ausdruck bringen: eine inklusive Gemeindeordnung. Das Krankenhaus würde ihre bipolare Raumordnung von Innen und Außen einer identitätsverändernden Transformation (Metamorphose) unterziehen, sich also selbst verändern. Diese Überlegungen sind wichtig, um nochmals Klarheit in der Begrifflichkeit zu erreichen, denn es geht um ein *von Innen nach Außen* im Versorgungsgeschehen.

Deshalb nochmals kommentierend zum Begriffsfeld. Die Begrifflichkeiten – die einschlägige Fachliteratur ist breit gefächert – sind jedoch in der ganzen Diskurslandschaft nicht einheitlich. *Pflegeüberleitung* (bzw. *Überleitungsmanagement*) kommt dem Thema der *Brückenpflege* nahe, da es um die Gewährleistung der post-stationären Versorgung geht, auch um die Fehlbelegung im Krankenhaus zu vermeiden und Drehtür-Effekte zu umgehen.

Nicht im unmittelbaren Blick ist hier jedoch die pflegepolitische Problematik im Wirkfeld des SGB XI. Es geht ummittelbar um die Versorgung chronisch kranker Menschen. Zwar ist die Übergangszone zur Pflegekarriere zu integrieren. Doch das wäre ein zweiter – wenngleich notwendiger – Schritt. Daher die betonten Abgrenzungen: In Österreich ist, wie schon oben ausgeführt, von *Übergangspflege* die Rede, in Deutschland ist damit aber die *Kurzzeitpflege* gemeint, ähnlich bei den schweizerischen Spitex.

Noch weniger Ähnlichkeit als im Fall der *Pflegeüberleitung* ist der Begrifflichkeit der Überleitungspflege eigen, da es hier um den Pfad vom Krankenhaus in weitere stationäre oder ambulante *Pflege*settings geht.

Zwar geht es in dieser pflegepolitischen Sicht auch um ein *von Innen nach Außen*, aber als Problem der Heimübersiedlung oder in ein ambulantes Pflegesetting hinein. Das Thema wird hier nun aber über die Lebenslage der Bewältigung chronischer Erkrankung aufgerollt. Richtig bleibt aber die Einsicht, sodann – in einem zweiten Schritt – die Funktionszusammenhänge zum SGB XI-Geschehen zu integrieren.

Brückenpflege ordnet sich im Kontext von *Case Management* ein, zielt m. E. aber auch auf netzwerkbildende Care-Strukturen ab und fokussiert auf *transitional planning*, eine Thematik, die im englischsprachigen Forschungsschrifttum breit (und im Vergleich zu Deutschland empirisch in methodisch kontrollierter Qualität gründlicher) erörtert wird (wie oben bereits angeführt).

Zweckmäßig mag es sein, vier Typen von *Bridging* zu unterscheiden. Das nachfolgende Schaubild soll diese 4 Typen veranschaulichen.

Schaubild 1: Bridging-Typen

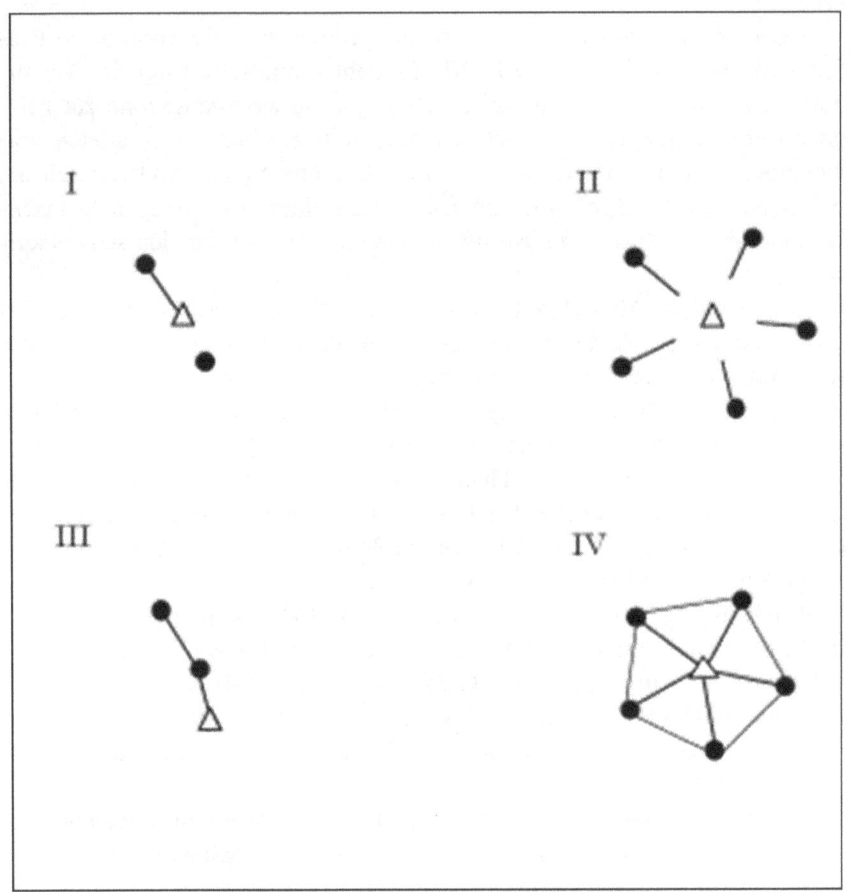

Quelle: eigene Darstellung.

Die 4 Typen lassen sich wie folgt definieren:

Typ I: Die Person des *homo patiens* wird mit einem Brückungsansatz aus dem Krankenhaus entlassen, erreicht aber nur brüchig seinen Zielort (Häuslichkeit). Diesen Typus könnte man bezeichnen als *verfehltes zweipoliges Bridging.*

Typ II: Die Person bleibt unerreicht von verschiedenen Brückungsansätzen. Diesen Typus kann man bezeichnen als *verfehltes mehr-poliges Bridging.*

Typ III: Die Person wird aus dem Krankenhaus erfolgreich in die Häuslichkeit entlassen, ist aber nicht weiter/komplex vernetzt. Diesen Typus kann man bezeichnen als *gelungenes zwei-poliges, aber unter-komplexes Bridging*.

Typ IV: Die Person wird optimal vernetzt. Diesen Typus kann man daher bezeichnen als *gelungenes mehr-poliges Bridging*.

Die Brückenmodelle im Kontext von § 11 (4) SGB V, die hier zur Beurteilung anstehen, kommen – nominal in Bezug auf die konzeptionelle Blaupause (eine reale Einschätzung ist nur auf der Grundlage einer jeweils konkreten empirischen Evaluation möglich) – dem Modell IV nahe. Die übliche Krankenhausentlassung, auch nach den Standards des § 11 (4) SGB V, mag an den Typus III heranreichen, doch reicht dies nicht im Lichte der Anforderungen, die hier definiert worden sind. Dabei ist auch zu beachten, dass die Expertenstandards nicht flächendeckend zur Anwendung kommen und auch noch weitergehend konkretisiert werden müssen, aber zur Sicherstellung von Versorgungskontinuität als Kernaufgabe des Schnittstellenmanagements unbedingt erforderlich scheinen.

Die Brückenmodelle brechen aus der geschlossenen Logik des klassischen Krankenhauses aus. Fachkräfte verlassen im wörtlichen Sinne das Gehäuse und bilden Netzwerke um die Mikrowelt des Wohnens des *homo patiens* herum. Damit erreichen sie ihn, und die Brücke ist eben nicht nur zwei-polig, also einer binären Ordnungsdynamik folgend, nämlich aus dem *Innen* des Krankenhauses heraus ins *Außen* der privaten Lebensverhältnisse. Vielmehr müssen gerade diese privaten Lebensverhältnisse gestaltet werden, Prozesse organisiert werden, ein neues Drehbuch im Ablauf der Dinge des Lebens geschrieben werden. Der *homo patiens,* zur Selbstaktualisierung empowert, muss hierbei mitspielen. Doch seine Selbst- und Mitverantwortung reicht nur hin, wenn sie eingebettet wird in nachhaltige, belastbare lokale Sorgegemeinschaften, die wiederum Teil einer regionalen Infrastruktur der sozialen Dienstleistungen, der Nahversorgung, des barrierefreien/-armen, aber anregenden Wohnumfeldes sind.

Die quantitativen und qualitativen Befunde des Mixed-Methods-Designs der wissenschaftlichen Begleitforschung von Brandenburg u. a. (2017) haben genau diese Effekte in Bezug auf das Biberach-Modell aufzeigen können.

In diesem Lichte ist der Redundanzverdacht z. B. mit Blick auf die Pflegestützpunkte sicherlich eine sinnvolle, kritische Frage, aber wohl negativ zu beantworten. Die Lücken in vielen Brückenkopfstrategien bleiben bestehen, wenn nicht multi-polare, komplexe Netzwerkarbeit geleistet wird. Es geht also um Typus IV: Dieser Typus wurde weiter oben bezeichnet als *gelungenes mehr-poliges Bridging* mit Blick auf die Lebenslage des *homo patiens*. Auch wenn andere Ausgangspunkte für Brückenbildung im Feld herangezogen werden, etwa die Pflegestützpunktarbeit (Kirchen-Peters u. a. 2016), bleiben Lücken bestehen. Hier, weil die Arbeit pflegezentriert erfolgt. Mögliche Brückenfunktions-Konzepte arbeiten aber im *No Care-Zonen*-Bereich, eben auch dort, wo SGB XI-Leistungen nicht wirksam sind. Es gibt also viele Brückenbildungsversuche. Aber sie sind unter-komplex und/oder gehen an den Lebens- und Bedarfslagen bestimmter Zielgruppen vorbei.

Die oben skizzierte Typologie des *Bridging* weist zwei Defizitmodelle aus (Typus I und II) sowie zwei gelingende Modelle, wobei Typus III unter-komplex ist, weil nur zwei-polig arbeitend.

Nur Modell IV scheint angemessen zu sein, weil es multi-polar und daher zur Herausforderung passend komplex angelegt bzw. aufgestellt ist.

Das Fazit kann mit Hilfe eines erläuterten Schaubildes gezogen werden. Hierbei werden kritische Statuspassagen (vgl. auch in Schröer u. a. 2013) unterschieden.

Schaubild 2: Wege, Scheitern und Irrwege der Patientenversorgung

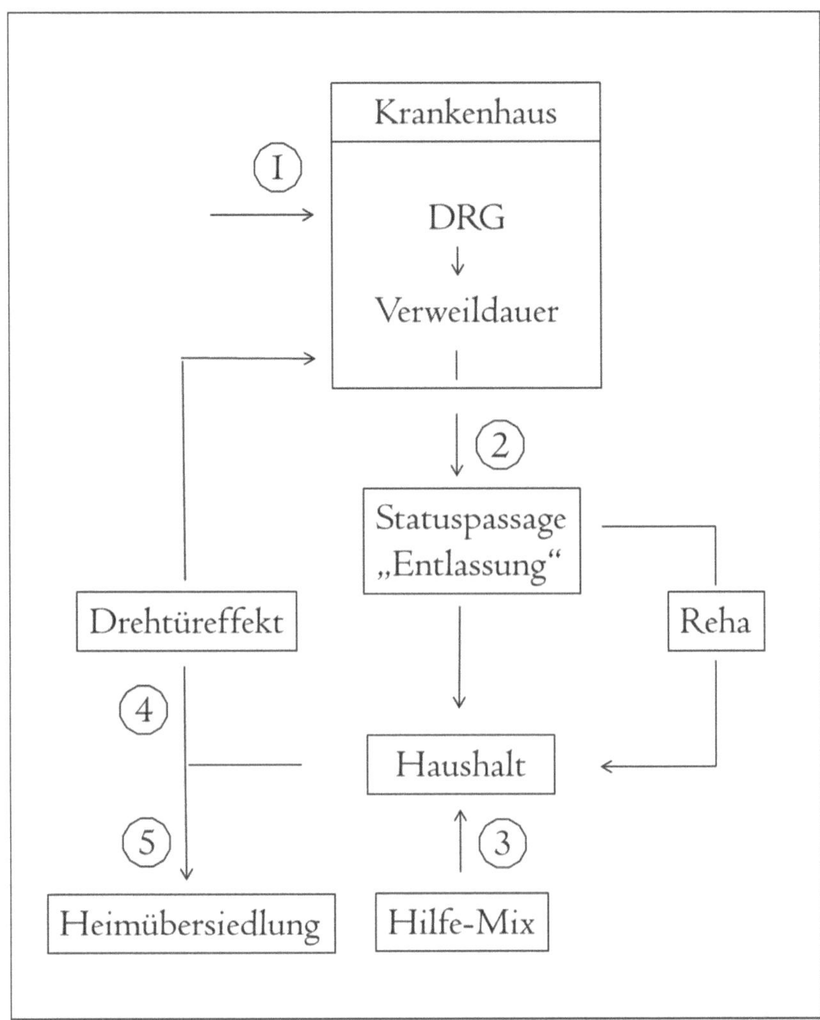

Quelle: eigene Darstellung.

In diesem Schaubild werden die Prozesse beschrieben, die aus einer Krankenhausentlassung resultieren können. Es sind erwünschte und unerwünschte Pfade des *homo patiens*.

Statuspassage 1) *Eingang*: Bereits die Krankenhauseinweisung (Eingang) ist kritisch, nicht nur als personales Erlebnisgeschehen, das mit

Angst verbunden ist, sondern auch mit Blick auf das Gelingen einer frühzeitigen Sozialanamnese.

Statuspassage 2) *Ausgang*: Hier ist das Thema der Entlassung aus dem Krankenhaus als kritische Statuspassage angesprochen. Sie ist einzuordnen im Rahmen der klinischen Sozialarbeit (Pauls 2013). Nachgelagert ist die kritische Statuspassage, wenn der Umweg über die Rehabilitation gegangen wird.

Statuspassage 3) *Re-Organisation des Wohnens*: Hier liegt das Problem verborgen, ob und inwieweit das Gelingen der Daseinsführung in der häuslichen Situation durch Organisation eines Hilfe-Netzes nachhaltig gewährleistet wird.

Hier sprengt die Brückenfunktion die Käfige der eigenlogischen Einrichtungen und Akteure, die im bi-polaren *Bridging* nur brüchige und nie mehr-polige, komplexe Netze generieren.

Scheitern diese Netzwerkbildungen, so emergieren zwei weitere kritische Statuspassagen.

Statuspassage 4) *Drehtür-Effekte*: Es geht nochmals zurück ins Krankenhaus.

Statuspassage 5) *Heimübersiedlung:* Kritische Statuspassage, die, breit erforscht (Brandenburg/Huneke 2006; Brandenburg/Schulz-Nieswandt 2015; Thiele 2002), das große Thema der De-Institutionalisierung aufwirft, was aber hier nun nicht mehr dargelegt werden soll (Schulz-Nieswandt 2016; 2016 a; 2016 b; 2017).

Die optimale Innovation würde bedeuten, Krankenhäuser im lokalen Raum stärker zu hybriden Institutionen im liminalen Raum zwischen stationär und ambulant zu transformieren. Dies bedeutet durchaus eine Veränderung des Geschäftsmodells (womit die Refinanzierungsfragen natürlich leistungsrechtlich und kostenträgerschaftlich aufgeworfen werden), tiefer betrachtet eine Mutation der unternehmenspolitischen Haltung im Sinne einer Unternehmenskultur des Krankenhauses, die sich ja nicht nur endogen auf die Organisations- und Personalentwicklung mit Blick auf die PatientInnen als interne Stakeholder bezieht, sondern auch exogen auf die Reputation im lokalen bzw. regionalen Einzugsbereich des Krankenhauses. Es könnte daher Aufgabe der Krankenhäuser sein, lokale Trägervereine (in Zusammenarbeit mit Seniorengenossenschaften [vgl. in Schulz-Nieswandt 2017 b sowie in Schulz-Nieswandt/Köstler 2011] und inter-generationellen Nachbarschaftshilfen) für die post-hospitale bzw. extramurale Netzwerkbildung zu gründen. Eventuell könnte man auch an die Funktionserweiterung regionaler Selbsthilfeinformations- und Kontaktstellen denken. Allein, es geht um die Vielfalt äqui-funktionaler Lösungen für identische lokale lebensweltliche Bedarfsdeckungsprobleme.

Von Interesse ist, dass das GKV VSG mit Blick auf die transsektorale Versorgungssicherstellung auch die kommunale Trägerschaft von Leistungseinrichtungen im Sinne der MVZ ermöglicht. Dies muss betriebsmorphologisch noch konkretisiert werden, wirft aber spannende Perspektiven für die kommunale Daseinsvorsorgepflicht auf. Hier ist an vorliegende Gutachten (vgl. z. B. Burgi 2013) anzuknüpfen und es sind ganz andere Versorgungsformen anzudenken als bislang vorliegen (Schaeffer/Hämel/Evers 2015) – möge auch eine Einordnung in eine Ontologie des Noch-Nicht theoretisch auf einer anderen Ebene (einer Metaphysik der Sozialpolitik: Schulz-Nieswandt 2017; 2017 a) anzusiedeln sein, so handelt es sich dennoch um erste Hybride auf dem grenzüberschreitenden Pfad zu heterotopen Räumen (Schulz-Nieswandt 2016 b).

Es sei die Fachdiskussion zu quartiersbezogenen familienzentrierten sozialmedizinischen Versorgungszentren angesprochen, in denen auch lokale Netzwerkbildungen in Richtung auf lokale sorgende Gemeinschaften angesiedelt werden könnten. Hier wäre ferner mit Lebensweltbezug die Fragmentierung von Cure und Care zu überwinden.

III. Die Problematik im Lichte einer Theorie funktionaler Äquivalente

Neuere Projekte, bei denen der Verfasser in der Rolle der (evaluativen) Begleitforschung integriert ist:

- Gemeindeschwester^{plus} in Rheinland-Pfalz (vgl. www.dip.de),
- Selbsthilfeförderung im ländlichen Raum der AOK PLUS in der Lausitz im Landkreis Görlitz (vgl. www.soziales-netzwerk-lausitz.de),

generieren (erste Ergebnisse der Begleitforschungen antizipierend) die Evidenz, dass es um die Suche und Findung von Problemlösungen geht, die durchaus eine Vielfalt der Arrangements und letztendlich auch von Geschäftsmodellen zulassen.

Es geht – in der Tradition der Soziologie von Robert K. Merton (dazu Mackert/Steinbicker 2013) gesehen bzw. gesprochen – um *funktionale Äquivalente* und um die sozialpolitische Funktionalität im Versorgungsgeschehen. Die Gebilde selbst können dabei morphologisch jedoch sehr unterschiedlich konstruiert sein.

Das ist ein Evidenz-gestütztes Plädoyer der Akzeptanz und Nutzung äqui-funktionaler Lösungswege, auch wenn man sich dann wie ein zum Staunen motivierter Ethnologe vorkommt, wenn die Vielfalt der lokalen Kulturen zur Kenntnis genommen werden muss.

Somit – also dergestalt – können auch die Besonderheiten lokaler bzw. regionaler Kultur zur Entfaltung gebracht werden. Denn auf dieser Ebene sind, komparativ betrachtet, auch vielfach die relevanten Faktoren des Gelingens und des Scheiterns von sozialen Innovationen angesiedelt (Schulz-Nieswandt 2016 a; 2016 b).

Hier findet sich auch z. B. die Kontroverse um die pflegepräventiven Hausbesuche. Die Wirksamkeit des Instruments wird breit und kontrovers diskutiert. Einsparungen (zur nationalen und internationalen Forschungsliteratur sowie zu entsprechenden Meta-Analysen vgl. in Görres u. a. 2013, S. 45 ff.) bei harten Indikatoren wie Krankenhausinanspruchnahme und Institutionalisierung der Pflege sind wohl weniger zu erwarten, aber positive Effekte auf die Bewältigung der pflegerelevanten Alterungsprozesse, die sich um die funktionellen Einschränkungen ansiedeln. Dieser positive Effekt auf die (I)ADL wird deutlich signifikant, wenn nach Stand der Künste ein geriatrisches und multidimensionales Assessment durchgeführt wird.

Ein Effekt geht auch von der Intensität der Hausbesuche aus: Positiv wirkt sich eine Dichte von mehr als fünf Besuchen aus. Allerdings sind hier auch die Ergebnisse der wissenschaftlichen Begleitung des Modells der Gemeindeschwester^{plus} in RLP durch das DIP und der Evaluation durch die Universität zu Köln abzuwarten (vgl. www.msagd.rlp.de).

Die Funktionalität der Pflegestützpunkte kann man auch genau dann beobachten, wenn man einen Blick in die lokale Sozialkapitalbildung in Sachsen vornimmt. In Sachsen gibt es weder Pflegestützpunkte noch regionale Pflegekonferenzen, in denen – wie im Land RLP, wo ferner weitere Instrumente zur nachhaltigen kommunalen Sozialraumentwicklung und der Entwicklung innovativer Wohnlandschaften im Alter und im Generationengefüge wirksam sind – die Mitwirkung der Stützpunkte wiederum eingebettet ist. Daher suchen sich die Menschen andere äqui-funktionale Lösungen.

Im Rahmen einer evaluativen Begleitung eines Projektes zur Förderung der Selbsthilfe im Landkreis Görlitz durch die AOK PLUS in Sachsen konnte ich dazu erste ethnographische Einblicke gewinnen. Die AOK PLUS fördert jeweils eine KISS in jedem Landkreis als generativer Nukleus für die Netzwerkbildung durch bürgerschaftliches Engagement in Hinsicht auf soziale Selbsthilfe (vgl. www.soziales-netzwerk-lausitz.de). Diese Prozesse sind im Landkreis eingebettet in das Soziale Netzwerk Lausitz in Weißwasser. Es ist absehbar, dass die summative und formative Begleitstudie aufzeigen wird, wie diese Strukturen an der regionalen und lokalen Sozialraumbildung im Rahmen der Ziele kommunaler Daseinsvorsorge mitwirken.

Interessant und vor allem zukunftsweisend (eventuell auch als Aufgaben- und Gestalttransformation einer KISS-Arbeit) ist es, dass die Selbsthilfeförderung hier nicht nur als Gründungsmanagement von Gesundheitsselbsthilfegruppen ausgelegt wird, sondern auch als Engagementförderung von Alltags(begleit- und -kümmerer)hilfen z. B. im Kontext der Krankenhausentlassung bei vulnerablen Gruppen und der lokalen Netzwerkarbeit fortgedacht wird.

Die Problemlösungen mögen zudem an unterschiedlichen Punkten im Prozessgeschehen eine Verankerung finden, einerseits eher aus dem SGB V oder dem SGB XI kommend bzw. aus der Eingliederungshilfe, andererseits sich eher z. B. an der Krankenhausentlassung festmachen oder an Wohnformenentwicklungen etc. Letztendlich dreht sich alles um die sozialraumorientierte Frage nach der lebensweltlichen Vernetzung der Daseinsbewältigung des *homo patiens*.

Die Vielfalt der institutionellen Arrangements in diesem weiten fragmentierten Feld des Sozial- und Gesundheitswesens mag zu Redundanzen führen. Auch mag das Rad immer wieder neu erfunden werden. In Brandenburg u. a. (2017) wird eine Reihe von Modellen der Brückenfunktionsorganisation synoptisch dargelegt. Und in diesem Abschlussbericht wird auch die bisherige Forschung zu den Wirkungen von Hausbesuchen im Kontext des Entlassungsprozesses referiert. Auch hier ist es so, dass wir natürlich nicht nichts wissen.

Aber in einem gewissen Sinne handelt es sich um produktive Flickenteppiche, denn was als redundant erscheint, ist oftmals auf verschiedenen räumlichen Ebenen angesiedelt. Die Pflegestützpunkte in Rheinland-Pfalz, sofern sie wirklich über Beratung hinaus – angesiedelt zwischen Care Management und Case Management – auch Fallsteuerung und Netzwerkarbeit betreiben, sind topologisch zwischen regionaler und lokaler Raumebene angesiedelt. Die Dichte lässt Platz für vielfältige lokale Netzwerkbildungen. Man wird hier Netze vernetzen müssen. Diese Dichte der Pflegestützpunkte (und auch die dort vorliegende Personalausstattung) zieht (üblichen Raum-Mehr-Ebenen-Denkmodellen aus der Humangeographie entsprechend) also dennoch Fragen zu *trickle-down*-Effekten im vertikalen räumlichen *spread*-Verständnis – im Raum zwischen über-lokaler Regionalität und unter-regionaler Lokalität – nach sich. Daraus folgen demnach u. a. und insbesondere Erreichbarkeits- und Zugänglichkeitsfragen.

So wären lokale Brückenmodelle zu verstehen als Sozialkapital-produzierende Netzwerkbildungen innerhalb dieser regionalen Superstruktur der Netzwerkarbeit der Pflegestützpunkte. Genau diese Superstruktur – und nicht kleinräumige Alltagsstrukturarbeit – ist m. E. gemeint.

Insofern ist die Aufgabenstruktur der Pflegestützpunkte mit den Zielen z. B. des Brückenschwestermodells identisch, aber nicht auf der gleichen lebensweltlichen Ebene sozialräumlich angesiedelt.

Schaubild 3: Ein Mehr-Ebenen-Sozialraummodell

Makro-Ebene: SGB XI ■

Obere Meso-Ebene:

Pflegestützpunkte ▲ (auch regionale Pflegekonferenzen) infolge Landesgesetzgebungen und entsprechendem Verordnungswesen infolge von § 9 SGB XI

Untere Meso-Ebene:

Lokale Netzwerke ◙

◙ ◙ ◙ ◙ ◙ ◙ (. . .)

zur Generierung sorgender Gemeinschaften ◘

zur Unterstützung und Befähigung der

Mikro-Ebene:

Personale Lebenswelten ● in unterschiedlichen Wohnformen des *homo patiens*

● ● ● ● ● ● ● ● ● (. . .).

Quelle: eigene Darstellung.

Es geht also nicht nur um Pflegeberatung in einem engeren Sinne, sondern ebenso um Pflegefallsteuerung und pflegezentrierte Netzwerkbildung, auch in den ICD-Bereich des SGB V hineinreichend.

Hier bietet es sich an, den Lebensweltbegriff als Erneuerung des Settingkonzepts im Bundespräventionsgesetz (Präventionsgesetz – PrävG) Gemeinwesen-orientiert zu verbinden mit dem im GKV VSG betonten transsektoralen Versorgungsauftrag im Rahmen der Krankenhausentlassung gemäß § 11 (4) SGB V im Kontext des § 39 SGB V.

§ 92 c SGB XI regelte – nunmehr in § 7 c SGB XI integriert – die Pflegestützpunkte. Die Pflegestützpunkte werden im SGB XI als Partner genannt, um hinzuwirken auf eine Vernetzung der regionalen und kommunalen Versorgungsstrukturen, diese zu fördern und um eine Verbesserung der wohnortnahen Versorgung pflege- und betreuungsbedürftiger Menschen zu ermöglichen.

Wie ist hier nun die Rolle der Pflegestützpunkte zu beurteilen? Die Antwort hängt von der Empirie unseres Wissens dazu ab. Und diese Empirie hängt davon ab, was gemessen wird. Dies wiederum ist abhängig davon, was Pflegestützpunkte leisten sollen. Für problematisch halte ich es, wenn Pflegestützpunkte auf die Funktionalität von Informationsknotenpunkten reduziert werden. Diese Funktion ist wichtig, doch muss auch Fallsteuerung und vor allem lokale Netzwerkbildung betrieben werden. So ergeben sich – theoretisch – durchaus Fragen zu Überschneidungen zur Funktionalität von Brückenschwester-Leistungen.

Auf der Basis der Evaluation der Pflegestützpunkte in Baden-Württemberg können hierzu Überlegungen angestellt werden. Es wird dort deutlich, dass die Dichte nicht ausreicht, um in der Fläche deckend wohnortnahe Dienste anzubieten (Tebest u. a. 2015; 2017). Ferner bleibt m. E. auch hier zu problematisieren, wenn der Fokus allein auf informationszentrierte Beratungen gelegt wird. Natürlich sind im empirischen Fall die Übergänge von Beratung zum Fallmanagement im Kontext von Netzwerkbildungen fließend.

Pflegestützpunkte (konzeptionell [ggf. auch trägerschaftlich] eventuell neu aufgestellt in Ergänzung mit Ressourcen, wie z. B. im Fall von RLP) mit relativ suboptimaler Raumdichte könnten die Meta-Funktion der Vernetzung der Netze einnehmen.

Deutlich werden bereits wichtige *Funktionalitäten solcher Äquivalente*

- im Kontext der Notwendigkeit lebensweltbezogener Alltagsbegleitung,
- im Rahmen einer sozialraumorientierten lokalen Netzwerkbildung im Sinne sorgender Gemeinschaften,

– als Strukturelement von intra- und trans- bzw. inter-sektoralen Versorgungsketten in der regionalen Versorgungslandschaft als Hilfe-Mix.

Es zeichnet sich aber wahrscheinlich auch ab, dass es (im Sinne der besagten *Vielfalt funktionaler Äquivalente*)

a) ein breites *Spektrum institutioneller Arrangements* (professionell-informeller Partnerschaften) als funktionale Äquivalente gibt. Soziale Selbsthilfe als indikationszentriertes Gruppengeschehen ist hierbei (nur) ein Modus im Spektrum der Möglichkeiten. Beratungstriage durch geschulte ehrenamtliche Lotsen (vgl. das Projekt SONA: Schulz-Nieswandt/Langenhorst 2016) stellt eine andere Variante dar. Die PSG III-Kommunen bleiben abzuwarten.
b) *Ankerfunktion und Zielgruppe*: Ebenso sind verschiedene Settings in ihrer Ankerfunktion sinnvoll, auch zielgruppenbezogen diskutiert mit Blick auf die Entwicklungen im Lebenszyklus der Personen (z. B. Hilfeangebote für Kinder und Jugendliche in Schulen einerseits oder andererseits Fallsteuerung und Netzwerkbildung für ältere Single-Haushalte im Kontext des Krankenhausentlassungsmanagements).

Mit Blick auf das transsektorale Leistungsgeschehen stehen im Kontext der Krankenhausbehandlung die Sozialanamnese in der Phase der Aufnahme mit Blick auf eine optimale Entlassung bzw. Überleitung (etwa in die Rehabilitation) im Vordergrund. Diese externe Schnittstelle stellt sich im Lichte der relativ kurzen Verweildauern im DRG-Zeitalter als vulnerabel heraus. Das Thema der Drehtür-Effekte, aber auch (trotz des Vorrangs der Ambulantisierung vor der Institutionalisierung und Hospitalisierung) der Fehlplatzierung in der stationären Langzeitpflege des deutschen Heimsektors bleiben virulent. Die klinisch instabile Entlassung in die private Häuslichkeit gerade älterer Menschen verweist auf die Lücken in der Implementation eines regionalen Geriatrieverbundsystems, das fachgesellschaftlich gefordert, aber noch nicht Wirklichkeit ist.

So sind ferner (Schulz-Nieswandt 2016; 2016 a; 2016 b) grundlegende kritische Fragen einer kulturwissenschaftlichen und psychodynamischen Bohrung notwendig. In dem Moment, wo der (vor allem ältere) *homo patiens* lebend das Krankenhaus verlässt, ist er oftmals verlassen:

Wie kommt er nun mit der Situation klar? Wer organisiert Pflege und Hauswirtschaft? Wer optimiert wie die Wohnsituation? Wie steht es um die Barrierefreiheit? Wie steht es um das lokale bzw. regionale Wohnumfeld, womit auch Mobilitätsfragen angesprochen sind.

Der Katalog von Fragen, die nun in der aufgebrochenen Routine der Lebenswelt des *homo patiens* emergieren, sind dramatisch im Lichte der Existenzführung des betroffenen Menschen.

Warum sollte ein Krankenhaus an der Schwelle seines Gebäudes – und damit an der Grenze seiner symbolischen Ordnung (Wer bin ich? Was kann ich tun? Was soll ich tun?) – zum Begleiter seiner PatientInnen werden, die – *transitional planning* radikal praktizierend – im Moment des Durchgangs durch den liminalen Raum zwischen Innen und Außen nicht mehr Kunde sind. Und genau dieser liminale Raum wäre in Verbindung mit § 11 (4) SGB V im Lichte von § 39 SGB V innovativ mit Blick auf Brückenfunktionen als lokale Netzwerkbildungen (eventuell in Verbindung mit § 140 a SGB V) konzeptionell weiter zu denken. Die DRG setzen hier keine Anreize zur post-stationären Begleitung. Jedenfalls nicht im Rahmen gegebener Geschäftsmodelle und Refinanzierungsregeln (als notwendige Voraussetzung) und – auf der Ebene hinreichender Bedingungen – angesichts einer fehlenden Unternehmensphilosophie und einer entsprechenden Organisationskultur, falscher Medizinanthropologie und infolge einer habituellen Lebensweltferne des Systemprogramms (Schulz-Nieswandt 2010).

Notwendig erscheint ein Ausbrechen aus diesem Käfig der Eigenlogik der Institutionen und der Professionen.

*

Eine aphoristische Nachbemerkung zum Thema „Soziale Innovationen und sozio-linguale Gender-Anachronismen: Brückenschwester und Gemeindeschwester" sei gestattet.

Die Funktion der *Brückenschwester* wird in dieser *branding policy* als weibliche Professionenrolle dargestellt. Es stellt sich natürlich die Frage, ob sich Männer im biologischen Sinne als Schwestern ausweisen müssen. Diese kritische Nachfrage schmälert nicht die soziale Innovativität der Idee. Analoges gilt für das neue Projekt der *Gemeindeschwester*^{plus} in RLP. Dort geht es thematisch um zugehende Strategien der Beratung (aber auch Lotsenfunktionen und Netzwerkvermittlung sowie Alltagsbegleitung) im häuslichen Kontext unter besonderer Berücksichtigung auch pflegepräventiver Aspekte.

In kritischer Sozio-Linguistik muss durchaus konstatiert werden: So geht das eigentlich nicht; das ist anachronistisch. Einerseits. Andererseits verweist uns diese sprachliche Praxis auf eine tiefere Schichtung des Problems. Die Sprachpraxis generiert ältere konkret-utopisch auslegbare Deutungsmythen um die Macht des Mütterlichen (Schwesterlichen bzw. Weiblichen), die mit Blick auf erwünschte Modi des sozialen Engagements, der Empathie und der Fürsorge auf die Defizite sozialer Wirklichkeit hin hermeneutisch zu rezipieren sind. Ob diese Defizite auf eine Logik männlicher Kälte bzw. Entfremdung im Modus von *social engineering* verweisen, ist ein eigenkomplexes Thema und mag dahin gestellt bleiben. Selbst im sozio-linguistisch antiquierten Modus der Mütterlichkeitszuschreibung steckt ein Stück erträumter Sehnsucht, hier nach einer gelingenden Sorgearbeit (*Care*) aus der Kraftquelle der Liebe heraus als – *achtsame* – Hinwendung der Person zum Mitmenschen in der Dialogizität des Zwischenraums von Ich und Du, dort, wo das Ich als Mich in der Ansprache durch das Du überhaupt erst konstituiert wird.

Doch die *philia* und die *agape* treten nicht nur im weiblichen Modus auf; auch auf Brüderlichkeit und Väterlichkeit wäre zu verweisen.

Umgekehrt werden medizinische Einrichtungen vorwiegend in maskuliner Kultur codiert. So tun sich Akutkrankenhäuser im Umgang mit demenziellen Patienten mit dem Blick auf den notwendigen Wandel der Medizinkultur schwer, was man an der neuerdings intensivierten Diskussion der Situation des demenziell erkrankten Menschen im Krankenhaus erkennt (Hofmann 2013). Er ist Störfaktor (auch Zieschang/Bauer 2017). Das mag auch an der Ressourcenaufstellung hängen. Aber nähert man sich kultursemiotisch der Analyse der *eigenlogischen Grammatik* des Krankenhauses und der dort zu Hause seienden Medizin, so werden in einer metaphernanalytischen Herangehensweise die beiden maskulinen Selbstbeschreibungsmuster deutlich, in denen das Krankenhaus seine Identität findet, und die sodann folgerichtig die Bedarfslagen des demenzkranken *homo patiens* nicht abdecken:

- die *Drachentöter-Metapher*: Im OP wird mit dem Tod gekämpft und der Tod überlistet. Analog zu verstehen ist die medikamentöse Variante: den bakteriologisch-virologisch fixierten Feind im Körper besiegen;
- die *Maschinenbau-Metapher*: Im OP wird der funktionsgestörte Körper repariert und die ökonomische Funktionsfähigkeit wiederhergestellt.

Daran gemessen bleibt die Pflege eine beruflich *verlängerte Mütterlichkeit* (Sachße 1994).

Die *Aura* der Medizin ist anders. In der maskulinen Medizin wird der ganze Mensch nicht gesehen. Nicht der Kranke interessiert, sondern nur die Krankheit, das Organ – aber nur, wenn die Chance auf *heroische* Heilung besteht.

IV. Zwischenfazit

Die Expertise kann nur begrenzt, auch u. a. unter Berücksichtigung der Durchsicht neuerer Gesetzgebungen (GKV VSG, PSG II und III, KSG, HPG, PrävG, BTHG), versorgungspolitisch einige Wirkungsdimensionen des Brückenschwester-Konzepts plausibilisierend abschätzen. Festzuhalten wäre aber:

- Es wären – sozialkapitaltheoretisch orientiert – lokale Brückenschwestermodelle als Netzwerkbildungen zu verstehen innerhalb einer regionalen Superstruktur der Netzwerkarbeit der Pflegestützpunkte. Genau diese Superstrukur – und nicht kleinräumige Alltagsstrukturarbeit – ist m. E. im Geriatriekonzept des Landes Baden-Württemberg (Ministerium für Arbeit und Sozialordnung, Familie, Frauen und Senioren 2014, S. 30) gemeint. Insofern ist die Aufgabenstruktur der Pflegestützpunkte mit den Zielen des Brückenschwestermodells identisch, aber nicht auf der gleichen lebensweltlichen Ebene sozialräumlich angesiedelt.
- Es bietet sich an, den Lebensweltbegriff als Settingkonzept im Bundespräventionsgesetz (Präventionsgesetz – PrävG) zu verbinden mit dem im GKV VSG betonten transsektoralen Versorgungsauftrag im Rahmen der Krankenhausentlassung gemäß § 11 (4) SGB V im Kontext des § 39 SGB V.
- Genau dieser liminale Raum zwischen Krankenhaus und seiner Umwelt, in die hinein entlassen wird, wäre in Verbindung mit § 11 (4) SGB V im Lichte von § 39 SGB V innovativ mit Blick auf Brückenfunktionen als lokale Netzwerkbildungen (eventuell in Verbindung mit § 140 a SGB V) konzeptionell weiter zu denken.
- Es ist schwer zu verstehen, warum in der Finanzierung der betrieblichen Krankenhauskosten die Pflege im KSG gestärkt, aber Strukturen der sozialen Arbeit mit Blick auf post-hospitale bzw. extramurale Netzwerkbildungen nicht mit bedacht werden. Dies wäre ja grundsätzlich möglich, um hier krankenhausseitig die Brückenfunktionsbildungen zu stärken. Ähnlich wie im Fall des Hospiz- und Palliativgesetzes HPG und der dortigen Stärkung der häuslichen Krankenpflege müssten solchen Aufgaben ausdrücklicher Bestandteil der GKV-Regelversorgung werden.

So wird es im Kern um die Abschätzung des Zusammenspiels von Pflegestützpunkten und Brückenschwestermodellen gehen.

Aber nicht nur die Schnittstelle zu den PSP ist im Fall der Biberacher Brückenschwesterarbeit als kritisch zu betrachten. Wie steht es um die effektive Vernetzung der Brückenschwesterarbeit mit sonstigen lokalen Akteuren auf der unteren Meso-Ebene mit Blick auf die Mikro-Ebene (vgl. Schaubild 3)?

*

Gelingt die Netzwerkarbeit im Sinne der Organisation lokaler Sorgegemeinschaften im Quartier, so hat dies Effekte auf die Pfade des *homo patiens* mit Blick auf

- Drehtür-Effekte,
- stationäre Fehlplatzierungen in der Langzeitpflege, wobei die neueren Entwicklungen der expandierenden Übergangspflegestrukturen mit zu beachten wären,
- Lebensqualitätsverluste häuslicher Arrangements in Richtung auf Vereinsamung und Verwahrlosung

etc.

Forschungen zur *Kosteneffektivität von post-hospitalen transitionalen Modellen* liegen (wie oben bereits angeführt) aus dem englischsprachigen Raum vor, sind aber natürlich nur sehr bedingt übertragbar auf die bundesdeutsche soziale Wirklichkeit.

V. Sozialökonomische Überlegungen

Ist ein Brückenfunktionsmodell kosteneffektiv? Kosteneffektivität ist nicht reduziert auf Wirtschaftlichkeit im Sinne trivialer technischer Produktionseffizienz zwischen Output (o) und Input (i):

$$o/i \rightarrow \text{minimax!}$$

Entscheidend ist vielmehr – als implizite politische Logik des Wirtschaftens (Schulz-Nieswandt 2016 c) – die Sicht auf die Outcomes (O). Die Kosteneffektivität (Ω) ist daher

$$\Omega = O/[o/i] \rightarrow \text{max!}$$

In einem Brückenfunktionsmodell sind die Betriebskosten des Geschäftsmodells der Input, der Output sind die begleiteten Fälle. Doch was sind die Outcomes? Eingesparte Krankenhauskosten? Vermiedene Pflegekosten? Reduktion der Opportunitätskosten der Angehörigen?

Hier ist auch noch auf das komplizierte Zeitinkonsistenz-Verhaltens-Problem einzugehen. Heutige (t_0) soziale Investitionen in lokale Strukturen der Sozialkapitalgenese (t_0: Kosten > Nutzen) mögen erst in Zukunft (t*) wirksam werden (t*: Nutzen > Kosten). Bei Wirksamkeit nur kurzfristiger Zeithorizonte (Problem der sog. Myopie) entsteht ein Rationalitätsproblem: Investitionen unterbleiben und in Zukunft anfallende Nutzenströme werden erst gar nicht generiert.

Und noch ein Problem besteht. Es mag eine gewisse Nutzendiffusion in t* eintreten, die nicht eindeutig bzw. vollständig dem Kostenträger in t_0 zugerechnet werden kann (z. B. im Fall der pflegepräventiven medizinischen Rehabilitation des SGB V). Hier entstehen Kollektivgutprobleme zwischen den Kostenträgern von SGB V, SGB XI und SGB XII. Das Resultat mag ein Gefangenendilemma sein.

*

Im Lichte der anthropologisch-rechtsphilosophischen Vorgaben von Selbstbestimmung und Teilhabe – Inklusion meint relative Autonomie, die als relationales Konzept eingebettet ist in Partizipation am Gemeinwesen – mündet alles im Konstrukt der Lebensqualität. Hierzu gibt es validierte Messkonzepte, ebenso wie für weitere Konstrukte, die hier im Zusammenhang zu sehen sind (Kohärenz, Resilienz, Selbstwirksamkeit, Selbstwertgefühl, Selbstbewusstsein, Wohlergehen, Zufriedenheit, Glück etc.).

Und die Begleitforschung von Brandenburg u. a. auf der Grundlage des angewandten Methoden-Mixes zeigen auch evidente Wirkungen in diesen Wirkdimensionen auf.

*

Aus dem Endbricht (Brandenburg u. a. 2017) ist folgende vorangestellte Zusammenfassung zu den qualitativen Untersuchungen zu entnehmen:

„Als zentrale Ergebnisse der qualitativen Befragung konnte zusammengefasst werden, dass vielfältige Stärken der Intervention zu beobachten waren, aber auch Schwächen. Eine Schwäche war, dass die Vorstellungen über die Leistungen der Brückenpflege bei den befragten Berufsgruppen variierten. Deshalb war kein klares Profil der Intervention zu beobachten. Betreut wurden meistens ältere, alleinstehende Patienten ohne Angehörige in direkter Reichweite. Zur Auswahl der Patienten gab es keine definierten Kriterien, außer dass bereits durch einen ambulanten Pflegedienst betreute Patienten entfielen. Dies machte eine Vernetzung zwischen ambulanten Diensten und der Brückenpflege nicht immer möglich und führte dazu, dass relevante Patienten nicht immer erreicht wurden. Die Stärken der Brückenpflege lagen vor allem in der Bearbeitung von Ängsten der Patienten vor Entlassung aus dem Krankenhaus, oder der psychologischen Betreuung dieser in ihrer Häuslichkeit. Stärken der Intervention waren aber auch für andere Berufsgruppen, wie dem Sozialdienst und den Stationsärzten im Krankenhaus zu beobachten, die mit Hilfe der Brücke die Weiterversorgung der Patienten nach Entlassung in die Häuslichkeit mit verfolgen konnten. Die Hausärzte fühlten sich ebenfalls erleichtert, dass Hausbesuche von den Brückenfachkräften[13] übernommen wurden und diese nicht direkt am Entlassungstag bei den Patienten vor Ort sein mussten. Auch die ambulanten Dienste beschrieben die Brückenpflege als Entlastung, denn auch diese hatten Probleme mit kurzfristigen Entlassungen und meist einen Überschuss an Patienten."

Entscheidend dürfte die Forschungserfahrung sein, dass Lebensqualität eine generische Größe ist, da der Allzusammenhang des Alltags wirksam wird. Es zählt die Totalität des Alltags, der hier wirksam wird. Dies ist

13 Als Brückenfachkräfte werden in dieser Ausarbeitung die Pflegekräfte bezeichnet, die die Brückenpflege ausüben.

methodisch im Rahmen komplexer (statistischer) Modelle kaum in den Griff zu bekommen, auch nicht in Form des Goldstandards randomisierter Interventionsstudien mit Kontrollgruppendesign.

Zieht man Fallvignetten aus qualitativen Studien heran, kann man auf eine Fülle von direkten und indirekten Kosteneinsparungen kommen. Entscheidend ist aber die Frage, ob das Dasein gelingt oder ob die Menschen an ihren Daseins(entwicklungs)aufgaben scheitern. Insofern ist die Investition in die Befähigung der Menschen von zentraler Bedeutung. Capability umfasst (vgl. in Schulz-Nieswandt 2006) in der Wortsynthese einerseits Abilities, andererseits Capacities. Die Semantik der Abilities beinhaltet relevante Daseinskompetenzen; Capacities sind die Infrastrukturen einer sozialraumorientierten Versorgungslandschaft. Beide Dimensionen sind in ihrer Transaktionalität konzeptionell zu begreifen.

Mehrausgaben der Leistungsträger sind nun immer dann und insoweit kosteneffektiv, wenn sie überproportional zu einem Surplus an Lebensqualität führen. Reine Kosten-Billigkeit ist Chrematistik ohne Seele. Kosteneffektivität ist dagegen hier ein gesellschaftlich erweitertes Rechnungswesen einer gelingenden *polis* des funktionierenden sozialen Miteinanders: Gleiche Chancen auf Freiheit im generativen Kontext von Solidarität.

VI. Sektorübergreifende ausblickende Gesamteinschätzung

Eine Gesamteinschätzung im Funktionsgefüge von SGB V und SGB XI ist vorzunehmen.

Die Hauptprobleme (Schulz-Nieswandt 2017 b) liegen in den Defiziten der lokalen bzw. regionalen Steuerung optimaler (wohnortnaher, abgestufter und zugleich integrierter [medizinisch, pflegerisch, sozial] sowie netzwerkzentrierter) Pflegeversorgungslandschaften, in denen die sorgenden Gemeinschaften eingefügt sind. Die diesbezügliche Sicherstellung wird im Mehr-Ebenen-System von Bund, Ländern und Kommunen nicht bedarfsgerecht gewährleistet.

Die Reformen (zuletzt PSG I, II und III) mögen wie in der Reformgesetzgebung zuvor im Leistungs-, zum Teil im Ordnungs- und Vertragsrecht Veränderungen vorgenommen haben. Im versorgungspolitischen Governance bleiben die Defizite beträchtlich.

Mit Blick auf die lokal vernetzten, also Sozialkapital-generierenden Ambulantisierungen häuslicher Settings (§ 3 SGB XI: *ambulant vor stationär*) und auf die Ausschöpfung des Optimums an De-Institutionalisierung in Richtung auf eine quartiersbezogene Sozialraumorientierung in Autonomie und Teilhabe des *homo patiens* bleibt die Situation signifikant defizitär. Dies verweist auf eine fehlende Ausdifferenzierung im Spektrum der Wohnformen im Alter (vgl. KDA-Wohnatlas: www.kda.de).

Aber auch jenseits der De-Institutionalisierung bestehen zur Überwindung der Tradition der „totalen Anstalten" Entwicklungsaufgaben. Es zeichnen sich zwar zunehmend vielfältige hybride Gebilde ab, die den binären Code Heim oder bzw. versus private Häuslichkeit überwinden. Dabei ist zu konstatieren, dass das ganze Leistungs-, Ordnungs- und Vertragsrecht, da es auf die althergebrachten solitären Formen ambulanter Dienste und stationärer Einrichtungen zugeschnitten ist, nicht passungsfähig ist zu dieser Evolution einer gebildemorphologischen Ausdifferenzierung. Es wird in Zukunft wohl nicht ohne ein Pflegestärkungsgesetz (PSG) IV, V und VI gehen.

Auch die Wohn- und Teilhabegesetze (WTG) werden sich weiter entwickeln müssen. Dies vor allem deshalb, weil es der Gesetzgebung gelingen muss, echte von unechten Innovationen zu unterscheiden. Gemeint sind –

dazu werde ich in einer Expertise zum GALINDA-Projekt[14] von Brandenburg u. a. Stellung nehmen – neuere Chimärengebilde der pseudo-inklusiven Pseudo-Ambulantisierung und andere Mogelpackungen im Feld. Auch im Segment der Wohngemeinschaften, als ambulante Wohngruppen verstanden, existieren – im Rahmen von § 38 a sowie § 45 e SGB XI gefördert – Graubereiche, in denen die Qualität der Gebilde unklar bleibt.

Insgesamt ist in diesem dynamischen Feld die Frage der optimalen De- und Re-Regulierung und des Bürokratieabbaus ein schwieriges Thema. Innovative Dynamik wird einerseits nur durch eine gewisse risikofreudige Freiheit in der Innovationspraxis möglich sein. Andererseits sind das Sicherheitsbedürfnis und die Regulierungsverantwortung in einem Feld, das von asymmetrischen Machtverhältnissen geprägt ist, nicht zu verharmlosen. Die Institutionen und die Professionen sind also gefordert. Und die Politik muss die Ermöglichungsräume durch rechtliche Regime schaffen. Letztendlich müssen auch refinanzierte Geschäftsmodelle möglich werden. Denn die Akteure stehen im Markt im Wettbewerb.

Einige „Baustellen" mit Blick auf die Zukunft sind zu benennen:

a) Unausgeschöpft sind z. B. der § 140 a SGB V i. V. m. § 92 b SGB XI. Es gibt nur wenige wirklich interessante Gebilde.
b) Ebenso gilt dies für den § 20 h SGB V und § 45 d SGB XI sowie § 82 b SGB XI (der sich auf stationäre Einrichtungen fokussiert). Diese müssen stärker für die regionale bzw. lokale Strukturförderung zur Generierung von Sozialkapital genutzt werden. Ein schönes Beispiel kann hier nochmals angeführt werden: die Förderung der Selbsthilfe im Landkreis Görlitz durch die AOK PLUS in Sachsen. Die AOK PLUS fördert jeweils eine Kontakt- und Informationsstelle zur Selbsthilfeförderung (KISS) in jedem Landkreis als generativer Nukleus für die Netzwerkbildung durch bürgerschaftliches Engagement in Hinsicht auf soziale Gesundheitsselbsthilfe und Alltagshilfen. Diese sind im Landkreis Görlitz eingebettet in das Soziale Netzwerk Lausitz in Weißwasser (vgl. www.soziales-netzwerk-lausitz.de).
c) Beratungsleistungen z. B. nach § 7 b SGB XI sind im Kontext des Entlassungsmanagements gemäß § 11 (4) SGB V als Teil der Krankenhausbehandlung nach § 39 SGB V zu nutzen.

---

14 Vgl. GALINDA-Projekt: Gutes Altern in Rheinland-Pfalz (GALINDA). Kulturwandel und Quartiersöffnung in der stationären Langzeitpflege – ein Beitrag zu sorgenden Gemeinschaften. Leitung Prof. Dr. Hermann Brandenburg, PTH Vallendar.

d) In Hinsicht auf Alltagskompetenzen sind die zusätzlichen Betreuungs- und Entlastungsleistungen des SGB XI ebenso richtungsweisend wie die innovative Nutzung[15] des § 71 SGB XII. Allerdings ist der Soll-Aufgaben-Bereich der Altenhilfe in der Sozialhilfe ein kontroverses Themenfeld. Und dies aus mehreren Gründen. Der Soll-Auftrag ist als Muss-Aufgabe zu verstehen. Fiskalische Erwägungen drücken den Wirkkreis des § 71 SGB XI runter. Es geht, wie in der letzten Fußnote bereits angemerkt worden ist, gar nicht um reine Einzelfallleistungsrechtsgewährung. Es geht um ermöglichende lokale Strukturen zur Förderung von Personen im Coping der Entwicklungsaufgabe im Lebenslauf. Dies ist kompatibel mit der § 1 SGB I-Rechtsauslegung.

Eine Analogie finden wir in der Praxis der Auslegung des § 20 h SGB V. Selbst – sieht man von der Verbändeförderung ab (vgl. andiskutiert in Schulz-Nieswandt/Langenhorst 2015; sodann auch kritisch diskutiert in Schulz-Nieswandt/Köstler/Langenhorst/Hornig 2017) – die direkte Förderung von Selbsthilfegruppen als Gegenseitigkeitshilfegebilde (*mutual aid groups*) ist keine direkte Individualförderung, sondern mittelbare Struktur(gebilde)förderung. Aber darüber hinaus ist zu verstehen: Damit werden letztendlich Personal-gebundene Leistungsgebilde zur Generierung und Förderung personaler und mikrosozialer Bewältigungspotenziale finanziert. In dem Moment, wo KISS – ohne nun die KISS-Debatten vertiefend aufzugreifen – nicht nur durch parafiskalische, sondern durch Gebietskörperschaften der öffentlichen Hand gefördert werden, kann auch § 71 SGB XII anders – nämlich sozialkapitaltheoretisch als Förderung generativer lokaler Strukturen – ausgelegt werden.

Auch dort, wo die Einbindung ehrenamtlicher Ressourcen im Leistungsrecht gefördert wird, ist die Logik direkter individueller Leistungsrechtsgewährung durchbrochen. Man muss sich sogar fragen, ob letztendlich, in einer Tiefenstrukturbetrachtung, das SGB XI überhaupt dominant ein Leistungsrecht für den unmittelbar betroffenen *homo patiens* ist oder

15 Es ist durchaus eine Engführung in der Rechtsauslegungshermeneutik, hier nur personenzentrierte Leistungsrechtsgewährung im Einzelfall als vorliegend zu verstehen. Der Weg zur Erreichung der Ziele kann auch eine Förderung von lokalen Strukturen zur Ermöglichung von individuellen Problemlösungen sein. Beratungsleistungen sind ja auch nicht ohne Vorhaltung der (fallsteuernden) Beratungsstrukturen möglich. Und fallsteuernde Beratung geht ins Leere, wenn nicht die bedarfsadäquaten vernetzten Angebotsstrukturen vorhanden bzw. erarbeitet werden.

nicht vielmehr die Förderung von sozialen Dyaden, Triaden und sonstigen Netzwerkstrukturen sorgender Gemeinschaften.

Doch noch weitere Aspekte sind zu beachten: Zwar betreiben alle Kommunen eine Altenhilfeplanung (unabhängig von §§ 61-66 SGB XII als „Hilfe zur Pflege"), allerdings ohne Ausstattung durch Methoden und Instrumente einer notwendigen gestaltgebenden kommunalen Steuerungsmacht. Versorgungslandschaftsbildung kann hier im Schnittbereich von Altenpflege, Eingliederungshilfe (vgl. die pauschale Pflegeförderung in Einrichtungen der Eingliederungshilfe gemäß § 43 a SGB XI) und Gesundheitspolitik aber nicht bewirkt werden.

e) Es muss gelingen, sozialgesetzbuchübergreifend-integrierende Mischfinanzierungen für bestimmte Personenkreise und deren komplexe Bedarfslagen zu erwirken. Dies gilt auch für die Weiterentwicklung der häuslichen Krankenpflege nach § 37 SGB V zum Komplex der Überleitungs- und Kurzzeitpflege bzw. der Haushaltshilfe (§ 38 SGB V), u. a. in Verbindung mit Kurzzeitpflege nach § 42 SGB XI im Sinne von § 39 c SGB V. Es muss hier gelingen, die Schnittflächen mit Blick auf die optimale Deckung komplexer Bedarfslagen, die auf Grund des vorherrschenden Kausalprinzips im Sozialrecht „zwischen den Stühlen" der Kostenträger sitzen, besser als bislang zu managen.

Die jüngsten Gesetzgebungen (GKV VSG, KHSG, PSG II und III, PrävG, HPG, BTHG: vgl. www.bmg.de bzw. www.bmas.de) bieten nur einige vage Elemente, die jedoch innovativ dahingehend ausgelegt werden müssen, dass medizin- und pflegekomplementäre Maßnahmen der Betreuung und Begleitung in ihrer Alltagsbezogenheit weiter entwickelt werden. Auch für das BTHG wird gelten: Nach der Schöpfung kommt die Reform.

So ist verallgemeinernd zu schlussfolgern: Es muss also zu einer partiellen Integration von Cure (SGB V) und Nursing Care (SGB XI) kommen, aber auch innerhalb von Social Care insgesamt muss es zu partiellen Integrationen kommen (zwischen SGB IX, SGB XI und SGB XII).

Es geht also – im Sinne der infrastrukturellen Daseinsvorsorge – um die Sicherstellung der Verfügbarkeit, Erreichbarkeit, Zugänglichkeit und Akzeptanz sozialer Einrichtungen und Dienste im Raum.

*

Die Überlegungen sind durch wohl weitgehend fadenscheinige Argumente zur Verfassungswidrigkeit nicht aus den Angeln zu heben. Sozialversicherungen sind (vgl. auch in Kapitel X) Erfüller öffentlicher Aufgaben im

Modus der vorgängigen Delegation dieser Aufgaben vom staatsunmittelbaren Sektor der Ministerialbürokratie an staatsmittelbare Gebilde in (kollektiver) Selbstverwaltung. Das betrifft einerseits die Kooperation mit Kommunen; aber es geht ferner andererseits um die Loslösung von Fixierungen auf die konsumistische – auf den Einzel-Kunden ausgerichtete – Auslegung des Leistungsrechts. Der Capability-Approach in der neueren Sozialpolitiklehre meint Befähigungsförderung der menschlichen Person (Abilities), aber im Rahmen der Vorhaltung von Infrastrukturen (Capacities): Abilities + Capacities werden transformiert in: Capabilities.

VII. Ideenpolitik: Empfehlungen

Eine flächendeckende Sicherstellung von Brückenfunktionen (im Modus einer Vielfalt von äqui-funktionalen Lösungen) als post-stationäre Verlängerung der klinikinternen Sozialarbeit *von Innen nach Außen* durch das Regelleistungsrecht der GKV mit Blick auf den § 11 (4) SGB V wäre wünschenswert.

Eigentlich wäre dies eine ***Aufgabe der Krankenhäuser*** als transsektorale und transinstitutionelle Ausweitung des Entlassungsmanagements. Zu prüfen wäre eine Nutzung der Möglichkeiten der zusätzlichen Pflegepersonalausstattungen gemäß Krankenhausstrukturgesetz oder auch (im Sinne eines internen Demographiemanagements in Bezug auf [u. a. gesundheitsfördernde] Laufbahnstrukturen der Fachpflege).

Krankenhäuser müssen ihre eigene Käfigstruktur aufbrechen, die liminalen Zwischenräume zur Lebenswelt der Wohnsettings der Menschen überwinden, den *homo patiens* nach Hause begleiten und sich an der Generierung einer Sicherstellung sorgender Gemeinschaft beteiligen.

Daneben: Zu prüfen wäre (nicht im Rahmen einer Zulassung, sondern im Sinne einer Ermächtigung) eine Public Private Partnership (PPP) zwischen der Kasse als öffentlich-rechtliche Körperschaft (ÖR) und dem freigemeinnützigen Verein als e. V. (FG), also eine

ÖR-FG-P

unter Einbindung der Krankenhäuser.

Ein Selektivvertrag, wie er im § 140 a SGB V vorgesehen ist, könnte den e. V. im Rahmen der Satzungsregelungen gemäß § 194 SGB V (höherer Freiheitsgrad als im Fall von § 47 SGB XI) unter Vertrag nehmen. Der e. V. hätte die Sozialkapitalbildung im Kontext der Krankenhausentlassung gemäß § 11 (4) SGB V zu gewährleisten. Eine Finanzierung der Nebentätigkeit bzw. einer Aufstockung von Teilzeitarbeit im Krankenhaus könnte so ebenso getragen werden wie die Qualifizierungsmaßnahmen.

Zu prüfen wäre mit Blick auf die Beratungsleistungen im SGB XI, um eine problemorientierte Integration von SGB V und SGB XI zu erwirken, auch eine Mischfinanzierung aus SGB V und SGB XI, eventuell analog zum § 20 h SGB V und analog zum § 45 d bzw. zum § 82 b SGB XI (der sich auf stationäre Einrichtungen fokussiert). Eine permanente Steuerungsgruppe (Kassen, e. V., beteiligte Krankenhäuser) könnte die Arbeit solcher lokalen Netzwerke im Kontext der regionalen Gesundheits- und Pflegelandschaft begleiten.

Hier wäre eine tragfähige innovative Auslegungsordnung der §§ sinnvoll. So sollte sich der § 20 h SGB V in der Auslegungsordnung in Hinsicht auf die Förderung der Selbsthilfe fortentwickeln. Der § 20 h SGB V sollte sich konzentrieren auf die Förderung von Selbsthilfegruppen sowie auf die lokalen Förderstrukturen, wie die der KISS. Die Förderung der sog. Selbsthilfeverbände sollte hier herausgenommen werden. Sollte man die Verbände im Sinne der Förderung der Mitwirkung von Patienten(interessens)verbänden fördern wollen, so wäre dazu – neben dem § 140 f SGB V (vgl. dazu kritisch Schulz-Nieswandt/Köstler/Langenhorst/Hornik 2017) – ein eigenständiger Paragraph im SGB V sinnvoll.

In einem entsprechend neu geregelten bzw. zumindest auch neu auszulegenden § 20 h SGB V wäre (analog zu § 45 d und § 82 b SGB V und der langsamen Evolution der niedrigschwelligen Begleit- und Ergänzungsleistungen im SGB XI und vielleicht auch in Verbindung zu diesen) einerseits die Ausdehnung der Förderung über die Gegenseitigkeitsgebilde hinaus in Richtung auf Alltagshilfen-generierendes bürgerschaftliches Engagements im Sinne des Ehrenamtes als auch in Richtung auf geeignete Formen der netzwerkbildenden Nachbarschaftshilfe zu empfehlen, andererseits auch eine entsprechende Weiterentwicklung des Konzepts der KISS. Auch hier wäre die Frage der trägerschaftlichen Aufhängung zu problematisieren.

Selbstverständlich kann nicht erwartet werden, der Gesetzgeber habe eine „Sozialversicherung für Alltagsbewältigungsprobleme“ zu bilden. Nicht alle existenziell bedeutsamen Herausforderungen der personalen Daseinsvorsorge sind sozialversicherungsfähig. Der Alltag ist generischer Natur und würde eine strukturelle Anspruchsunersättlichkeit induzieren. Aber in Grenzen ist der vor allem im SGB XI sich abzeichnende Einstieg in die Förderung der Sozialkapitalbildung und der Alltagshilfen zu begrüßen.

Es wird Zeit, hier in Grenzen Leistungen vorzusehen. Diese Leistungen, die weder der Krankheitsbehandlung gemäß ICD noch der Pflegebehandlung gemäß (I)ADL oder auch z. B. gemäß ICF zugeordnet werden können, sind vielmehr als Alltagshilfen im Zwischenraum dieser beiden sozialrechtlichen Pole angesiedelt.

Die Überlegungen können wie folgt dargestellt werden:

Medizin ... {Zwischenraum der Alltagshilfen} ... Pflege
ICD ... {Lebenswelten} ... ICF

Der Alltag steht im Lichte der Idee des Hilfe-Mixes des § 8 SGB XI als Ort von Caring Communities (*CC*) zwischen regionaler Infrastruktur professioneller Art einerseits und informellen Ressourcen und primären Vergemeinschaftungsformen andererseits:

Infrastruktur/Professionen →
CC
← Angehörige/Engagement.

Ganz im Lichte des 7. Altenberichts (BMFSFJ 2016) wäre gerade zu fordern, die Kassen sollten kommunal aufgehängte Netzwerkbildungen fördern.

Kassen sind als Körperschaften des öffentlichen Rechts im Modus staatsmittelbarer Selbstverwaltung auf die Erfüllung der delegierten öffentlichen Aufgaben verpflichtet: Kassen haben an der kommunalen Daseinsvorsorge mitzuarbeiten. Sie mögen zwar Versicherungen sein, haben aber auch Steuerungsaufgaben.

Dazu können sie die Gestaltungsspielräume von Rahmenverträgen nutzen. Dieses Instrument wäre einer vertiefenden Analyse wert.

VIII. Schluss

Im Schlussteil geht es nochmals um eine fokussierte Schlussfolgerung. Der ideenpolitische Teil (in Kapitel VII) fällt ja weitreichender aus.

Das nachfolgende Schaubild 4 stellt nochmals auf die bereits in der Einleitung angesprochene Methode der *Sozialraum-Mehr-Ebenen-Betrachtung* ab.

Das Brückenschwestermodell als Variante der Installierung einer Brückenfunktion im sozialrechtlichen Kontext von § 11 (4) SGB V siedelt sich auf der unteren Meso-Ebene der Funktionalität lokaler Netzwerke der Sozialkapitalgenese an. Hier sollen die sorgenden Gemeinschaften (obere Mikroebene) generiert werden, damit das Dasein der Person auf der unteren Mikro-Ebene im Alltagsvollzug gelingen kann, die Person also an ihren Entwicklungsaufgaben nicht scheitert.

Eingefügt ist jetzt noch zusätzlich eine untere Mikro-Ebene. Sie benennt die intra-personale Dimension des Habitus des *homo patiens* selbst. Hier geht es um dessen Grundgestimmtheit und dem Kompetenzprofil, aus sich selbst und somit aufgrund der generativen Kraft des jemeinigen psychischen Arbeitsapparates heraus (*endokosmogentisch*) offen zu sein zur Bewältigung der Entwicklungsaufgaben im höheren Alter des Lebenszyklus. Diese strukturpsychologische Überlegung ist hier nicht näher darzulegen.[16] Wichtig scheint im Rahmen einer transaktionalen Sicht auf die Lebenslage des *homo patiens* zu sein, also im Rahmen einer Sicht, die den Menschen als Person immer schon in Wechselwirkung mit seiner Umwelt versteht, dass die Umwelt des Menschen zur weiteren Entwicklung der Person von anregender Art ist.

Es geht um das Werden und Wachsen der Person bis in das Ende seiner Lebensspanne hinein (Kruse 2017). Kruse bezeichnet dies im Rahmen der Psychologie der Aktualgenese als Ermöglichung der Selbstaktualisierung der Person. Dazu ist im Rahmen der transaktionalen Sicht sicherlich auch eine Offenheit der Person mit Blick auf die Möglichkeitsräume seiner Umwelt notwendig. Entscheidend sind aber das Vorhandensein und die Wirksamkeit dieser kontextuellen Anregungskultur der Umwelt des Men-

---

16 Auf der Basis bisheriger Publikationen nochmals in Schulz-Nieswandt 2018.

schen in seiner Lebenswelt in unterschiedlichen Wohnsettings und (mobilitätsabhängigen) Lebensräumen.

Im engeren pflegewissenschaftlichen Kontext wird dies im Begriff der Aktivierung verfasst. Es ist eine bereichsspezifische Konkretisierung des Konzepts des Empowerments, wie es aus der Geschichte der Sozialen Arbeit überliefert ist. In der Psychologie spielen hier Konzepte der Resilienz, der Kohärenz, der Selbstwirksamkeit, des Selbstwerts und Selbstbewusstseins hinein. In der allgemeinen neueren Sozialpolitiktheorie ist von Befähigung (*capability*) die Rede.[17]

Die Begleitforschung des Brückenschwester-Projekts unter der Leitung von Hermann Brandenburg konnte auf dieser Ebene der Wirkungen durchaus Evidenz generieren, die Funktionalität der Arbeit der Brückenschwestern mit Blick auf die Lebensqualität des *homo patiens* anzuzeigen. Hier spielen Elemente einer *personalen Erlebnisgeschehensordung* (Thomae 1996) hinein, die das Wohlbefinden bis ins hohe Alter als Funktion von Selbstbestimmung und Teilhabe, von Sicherheit, Vertrauen, sozialer Einbettung und Unterstützung, von Generativität und Dialogizität des personalen Daseins geprägt sehen.

Das Mehr-Ebenen-Sozialraummodell ist eine in topographischer Hinsicht vertikal gedachte Schichtung:

Vor dem Hintergrund dieser allgemeinen positiven Einschätzung zur funktionalen Topographie (der unteren Meso-Ebene) der Brückenfunktion in einem Sozialraum-Mehr-Ebenen-System ist dennoch eine kritische Betrachtung des Brückenschwester-Modells – vgl. die Betrachtungsdimensionen a) bis c) oben in der Einführung – auf der Ebene b) der Sozialraum-Mehr-Ebenen-Analyse vorzunehmen. Einige Befunde aus der qualitativen Begleitforschung durch Brandenburg u. a. lassen vermuten, dass einige Probleme auf der Ebene c) angesiedelt sind. Doch kann dies hier nur indirekt eingehen, da die Expertise keinen eigenen empirischen Teil beinhaltet.

---

17 *Aktivierende Sozialpolitik* des *enabling state* ist dagegen oftmals eher eine neo-liberal infizierte Variation. Vgl. dazu auch Sowa/Staples 2017.

Schaubild 4: Topographisches Sozialraum-Mehr-Ebenen-Modell

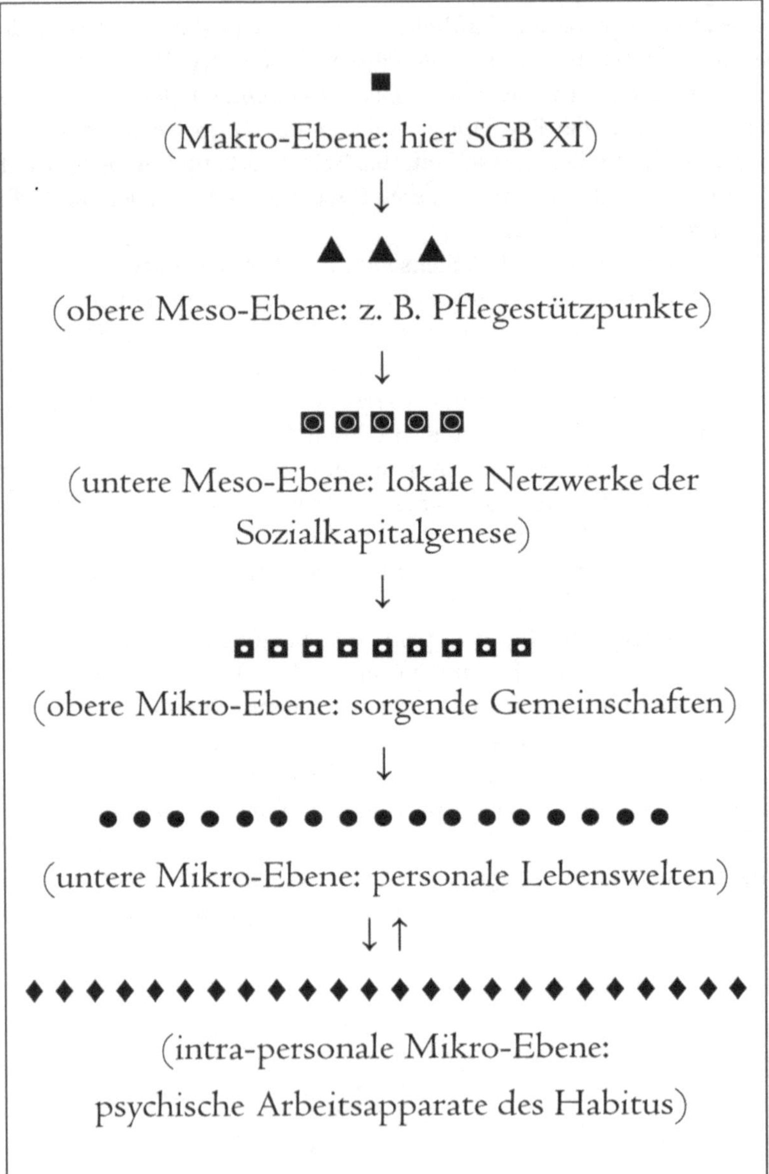

Quelle: eigene Darstellung.

In der Begleitforschung von Brandenburg u. a. wird durchaus bemängelt, es gebe Defizite in den Projekthandlungsdimensionen

- Arbeitsprofil,
- Zielgruppen(bedarfs)spezifizierung sowie
- Qualifizerung

der Brückenschwestern. Aus eigener Hand kann ich dies wegen des fehlenden eigenen empirischen Teils der Expertise nicht begründen. Die Ergebnisse der Begleitforschung sind hier jedoch überaus ernst zu nehmen.

Nach Lektüre des Abschlussberichts (Brandenburg u. a. 2017) und die dort am Ende in Kapitel 11 vorgelegten Empfehlungen kann ich diesen Schlussfolgerungen von Brandenburg u. a. nur folgen.

Denn hier liegt für das Projekt eine – die Bildsprache des Mythos bemühend – *Achillessehne* vor.

Meine Überlegungen gehen mit Blick auf die Ebene b) der Sozialraum-Mehr-Ebenen-Analyse eher in Richtung auf Fragen, die mit Blick auf die Blaupause des „Geschäftsmodells" formuliert werden müssen.

Soll das ganze Projekt in Beziehung zum kooperierenden Krankenhaus optimiert werden, so wäre eine in der PPP-Forschung[18] übliche Differenzierung zwischen finanzieller und institutioneller Partnerschaft sinnvoll.

- Finanzielle Partnerschaft: Der Verein finanziert aus Spenden die genehmigte Nebentätigkeit der krankenhausinternen Fachpflege.
- Institutionelle Partnerschaft: In institutioneller Hinsicht muss sich aber das Krankenhaus intensiver in seiner Rolle engagieren. Dazu gehört die fachliche Begleitung der Brückenschwester.[19]

Die Brückenschwestern müssen vom Krankenhaus transsektoral als Satellitenmodule des Krankenhauses verstanden werden. Insofern gehören institutionalisierte Fallkonferenzen, aber auch regelmäßige Supervisionen dazu.

Der Verein muss in Kooperation mit dem Krankenhaus eine lokale Netzwerkarbeit leisten, damit sich die lokalen Angebote (dazu auch die Sozialraumangebotsanalyse bei Brandenburg u. a. 2017) der Beratung etc. optimal mit Blick auf unproduktive Redundanzen aufstellen. Aus der Konkurrenz heraus kann es zur Kooperation kommen:

---

18 Vgl. dazu den entsprechenden Artikel in Grunwald/Langer 2017.

19 Hier ist auch die kritische Nachfrage zur juristischen Absicherung medizinisch-pflegerischer Behandlungsmerkmale der Brückenschwester problemlösend anzusiedeln.

Cooperation + Competition → Cooptition.[20]

Die oben in Kapitel VII angesprochene Idee einer Public Private Partnership (PPP) zwischen der Kasse als öffentlich-rechtliche Körperschaft (ÖR) und dem freigemeinnützigen Verein als e. V. (FG), also eine

ÖR-FG-P

unter Einbindung der Krankenhäuser wäre nunmehr hinsichtlich der finanziellen und der institutionellen Dimension so weiterzuentwickeln, dass eine

- tripartistische Mischfinanzierung (Kassen, Verein, Krankenhaus) anzustreben wäre,
- das Krankenhaus jedoch seine transsektorale Begleitaufgabe der Brückenfunktion erkennen und aufgreifen würde
- und eine auf Monitoring abstellende begleitende Steuerungsgruppe aus SGB V- und SGB XI-Kassen, Krankenhaus und Verein zur Seite gestellt werden könnte.

*

Ohne eine Tugendethik der Charakteraufstellung lokaler Akteure wird eine innovative Praxis der sozialraumorientierten Sozialpolitik (Schulz-Nieswandt 2017 c) kaum gelingen.

Es geht (vgl. auch in Schulz-Nieswandt 2012; 2012 a; 2013; 2013 a) um Aspekte, die – sicherlich unvollständig – hier am Ende sortiert nochmals angeführt werden sollen:

- Sozio-kulturelle Phantasie (*schizoide Kreativität* statt Pfadabhängigkeit),
- Überwindung der Blickverengung (*Skotomisierung*),
- Werteorientierung des Handelns, aber Verantwortungs- statt Gesinnungsethik,
- systemisches Denken,
- Wille zur Gestaltung (statt depressiver Grundgestimmtheit),
- Mut (statt Veränderungsangst),
- langer Atem (*Myopie* kurzer Zeithorizonte) und Frustrationstoleranz,
- politische Unterstützung durch kommunale Politik.

20 Damit sind theoretisch Zonen der Kooperationsgewinne begründbar. Es handelt sich um Rawlsianische Teilmengen der Pareto-Lösungen: vgl. dazu Anhang 1 in Schulz-Nieswandt 2017.

IX. Ausblick: Wandel des Sozialrechts zur Sozialraumorientierung?

Ein gut choreographierter Runder Tisch ist als Gründungsnukleus und als Inkubator für ein nachhaltiges Wachstum eines sozialraumorientierten Prozesses einer *Caring Community* notwendig. Dies muss nunmehr in Biberach erfolgen, um Fortschritte zu erzielen.

Das Thema der Krankenhausentlassung sollte breiter, tiefer und nachhaltiger im inter-generationellen Nachbarschaftskontext der Idee lokaler sorgender Gemeinschaften in einem regionalen Angebotsnetzwerk folgen und ist ein generatives Projekt zur Community-Building im Sinne von Caring Communities. Dabei kommt eine Stakeholder-orientierte Governance-Ethik zur Wirkung. Die Komplexität involvierter Stakeholder sollte im Bild eines Systems konzentrischer Kreise bis zu einem betriebsgrößenoptimalen Sättigungsgrad heranwachsen.

Das Projekt sollte dauerhaft mit Blick auf das soziale Marketing und der Branding Policy u. a. begleitet sein von sog. Gartenzauninterviews, um sich über die (Fortschritte der) Bekanntheits- und Akzeptanzentwicklung in der Bevölkerung im Prozessgeschehen ein Bild zu machen.

Das Werte-orientierte, an den Ideen der sozial eingebetteten (relationalen, kontextualisierten) Autonomie der Person und ihrer Teilhabe-orientierten Partizipation im trans-privaten öffentlichen Gemeinwesen geknüpfte Thema ist in einem komplexen normativ-rechtlichen Mehr-Ebenen-Regime eingebunden:

Vom UN-konventionellen inklusiven Völkerrecht über das Grundrechtsdenken im ebenso konstitutionellen EUV/AEUV bis runtergebrochen zum Recht im System der Sozialgesetzgeber ist die Idee der Caring Communities angelegt. Es drückt sich in der paradigmatisch angelegten Sozialraumorientierung in verschiedenen Teilgebieten der Sozialpolitik über den gesamten Lebenszyklus der Menschen aus.

Wegweisend ist hier der 7. Bericht der Altenberichtskommission der Bundesregierung (BMFSFJ 2016). Hier wird, gestärkt durch den im EUV/AEUV und auch im Lissaboner Protokoll Nr. 26 verankerten Art. 36 EU-Grundrechtscharta in Bezug auf die sozialen Dienstleistungen von allgemeinem Interesse (DAI) als Teil der EU-Werte-Welt, die verfassungsrechtliche Vorgabe der kommunalen Daseinsvorsorge gemäß § 28 GG (i. V. m.

§ 72 GG) im Rahmen des Sozialstaatsgebots in Art. 20 (gestärkt durch Art. 3 [3] EUV) vor dem Hintergrund des § 1 SGB I, verankert in Art. 2 GG auf der Basis von Art. 1 GG, aufgegriffen und als Handlungsgebot reformuliert. Auch auf die untergenutzte Rolle des § 71 SGB XII ist zu verweisen.

Ich kann aus der Sicht der Verpflichtung der Kommunen zur sozialen Daseinsvorsorge gemäß Art. 28 GG als Teil der Materialisierung des Sozialstaatsgebots des Art. 20 GG der herrschenden Dominanzmeinung nicht folgen, wonach § 71 SGB XII nicht zur Förderung von lokaler Strukturbildung von Caring Communities heranzuziehen sei, da es hier um Einzelfallhilfe gehen würde. Ja, letztendlich. Aber die Rechtsauslegungsdebatte muss anerkennen, dass die Einzelfallhilfe auf jeweils effektiven sozialen Produktionsfunktionen beruhen muss. Die direkte Einzelfallhilfe kann durchaus als erst erzielbar angesehen werden im Sinne einer Wertschöpfungskette

- als sekundäre und daher mittelbare Zielsetzung auf der funktionalen Grundlage einer
- primären und unmittelbaren Förderung – generativer Strukturen – der Ermöglichung individueller Problembewältigungschancen.

Neuere Gesetzgebungen stärken die merkliche Emergenz der Förderung lokaler Strukturen der Sozialkapitalbildung in der Sozialraumorientierung, also über die personenenzentrierte Leistungsrechtsgewährung hinaus. Bleibt die Entwicklung der Stärkung der Kommunen im Rahmen des PSG III politisch ebenso noch offen wie die Akzentuierung der kommunalen Gewährleistungsrolle medizinischer Versorgung im GKV VSG, so zeichnet sich doch mit der Selbsthilfeförderung im lokalen Sozialraum gemäß § 20 h SGB V, aber auch durch die Stärkung der niedrigschwelligen Ergänzungs- und Betreuungsleistungen sowie in § 45 d SGB XI, auch in § 82 SGB XI, der Selbsthilfe- und Ehrenamtsförderung, eine Sozialinvestitionspolitik der Sozialversicherungen im Sinne alltagsbezogener Hilfestrukturen jenseits von indikationsbezogenen Individualleistungsrechtserfüllung in Bezug auf Tatbestände gemäß ICD oder (I)ADL-definierter funktioneller Beeinträchtigungen ab. Der neue Pflegebedürftigkeitsbegriff stärkt diese Entwicklung. Die Einrichtung von auf Beratung, Fallsteuerung und Netzwerkbildung fokussierten Pflegestützpunkten, im Land BW z. B. kommunal trägerschaftlich verankert und mit einer Mitfinanzierungsrolle der Krankenkassen mischfinanziert, sind – in RLP mit einer hohen räumlichen Versorgungsdichte – Wegweiser einer solchen Stärkung der kommunalen Sozialraumorientierung. Der § 8 SGB XI hatte von Anbeginn eine solche wohlfahrtspluralistische Hilfe-Mix-Idee als Leitbild verankert.

In der Hospizarbeit ist auch auf den § 39 a SGB V zu verweisen.

In diesem Sinne sind in einigen Ländern auch die Steuerungsrolle von kommunalen Gesundheits- bzw. Pflegekonferenzen zu deuten.

Das BTHG hat deutlich den im System der SGB verankerten Gedanken der Selbstbestimmung erweitert durch den Teilhabegedanken, der ebenso – sowohl völker- wie unionsbürgerschaftsrechtlich – grundrechtlich zu verstehen ist. Das PrävG hat die ältere Settingidee, wie sie auch schon in der Gesundheitsförderung gemäß § 20 SGB V verankert ist, durch einen Lebensweltbegriff modernisiert, der an die Fachdiskurse der gemeinwesensorientierten Inklusionspolitik anknüpft.

Es gibt ungenutzte und nicht geschöpfte Potenziale. Verwiesen werden kann nochmals auf Beispiele der Nutzung von § 7b SGB XI im Kontext des Krankenhausentlassungsmanagements im Sinne von § 11 (4) SGB V als Teil der Krankenhausbehandlung gemäß § 39 SGB V.

Auch die inneren Potenziale des HPG sind vor dieser normativ-rechtlichen Dynamik externer Entwicklungen als eine Sozialraumorientierung zu verstehen, die auf die Möglichkeiten von Caring Community-Visionen hin wegweisend auszulegen sind.

Andere Neuentwicklungen machen ebenso deutlich, wie in bedarfsgerechter und in diesem Sinne personalisierender Weise Versorgungsstrukturen fortentwickelt werden, die mittelbarer Art mit Blick auf die letztendlich-eigentliche Hilfe medizinischer oder pflegerischer Art ausgerichtet sind. Dazu zählen auch Weiterentwicklung häuslicher Krankenpflege nach § 37 SGB V zum Komplex der Überleitungs- und Kurzzeitpflege bzw. der Haushaltshilfe (§ 38 SGB V) i. V. m. Kurzzeitpflege gemäß § 42 SGB XI, ungeachtet der durch das Kausalprinzip des fragmentierten Sozialrechts versäulter Kostenträger bedingten Trennung von Cure- und Care-Leistungen zwischen SGB V und SGB XI.

Haushaltshilfen sind hier gerechtfertigt, weil dadurch „echte" medizinische und pflegerische Leistungen präveniert oder vermieden/reduziert werden. Eine jenseits dieser indirekten Begründung fundamental anders angelegte Begründung stellt jedoch auf die Rolle der Haushaltshilfe im Rahmen der Schaffung und Förderung von Caring Communities ab.

Daher ist es nicht fachlich, sondern wohl rein sozialbeitragsfiskalisch begründet, wenn im SGB XI (in bürokratisch aufwendig regulierter Weise im Rahmen der Landespflegepolitik) Anteile der Pflege umgewidmet werden können in Alltagshilfen. Diese Alltagshilfen müssen vielmehr eigenständig und zusätzlich und nicht im Zuge von Partialsubstitutionen zu Pflegeleistungen in einem fachlich engeren Sinne ermöglicht werden.

Eine Reihe neuerer Entwicklungen validieren diese Dynamik. An die Entwicklung neuer hybrider Formen der Wohnsettings jenseits einer binären Ordnung im Sinne von „ambulant vor stationär" gemäß § 3 SGB XI als quartiersbezogene Wohnformen (z. B. Öffnung der Heime) ist ebenso zu denken wie an die niederländisch bzw. deutschen Entwicklungen demenzfreundlicher Kommunen. Weiterentwicklungen der WTG der Länder zur Ermöglichung neuer Wohnformen im Alter knüpfen mitunter hier an.

X. Allgemeine staatsrechtliche Schlussfolgerungen zur Aufgabe öffentlich-rechtlicher Sozialversicherungen

1) Sozialversicherungen müssen lernen zu erkennen, dass ihr Verfassungsauftrag auch darin liegt, öffentlich-rechtliche Partner der öffentlichen Hand in der Gewährleistung kommunaler Daseinsvorsorge zu sein.

Ich knüpfe hier an die Rechtsgeschichte von Otto von Gierke (vgl. auch in Schulz-Nieswandt 2003) an, der die dialektische Geschichte der archetypischen Organisationsformen von Herrschaft (heute: Rechtsstaat) und Genossenschaft (heute: zivilgesellschaftliche Assoziation) als ein wechselvolles und vielgestaltiges Neben-, Mit- oder Gegeneinander re-konstruiert hat.

In der Folge kann auf das vorliegende Problem bezogen eine zwei-stufige Konstruktion von Gewährleistung und Sicherstellung verstanden werden. Und so kann daher gelten:

a) Es kann die Rolle der Sozialversicherung als Instrument des sozialen Rechtsstaates durch Delegation der Erledigung im Modus der Selbstverwaltung in relativer Autonomie definiert werden. Diese Instrumentalfunktion (dazu auch in Schulz-Nieswandt/Greiling 2018) wurde von Gierke als Typus der „genossenschaftlichen Herrschaft“ definiert.

b) Sozialversicherungen im Modus dieser Form genossenschaftlicher Herrschaft können wiederum zur Erledigung der Sicherstellung des Gewährleistungsauftrages betriebliche Strukturen der Leistungserstellung unter Vertrag nehmen und diese durch Finanzierung fördern, so dass (im Rahmen des Capability Approach der Sozialpolitik) letztendlich die personenzentrierten Fähigkeiten zur Problembewältigung im Zuge von individueller Leistungsrechtsgewährung, aber auch im Sinne der Kompetenzförderung der Selbstbefähigung oder der Fremdbefähigung im Modus gegenseitiger Selbsthilfe (Mutualitätsmodus) oder im Modus freiwilliger Fremdhilfe (Altruismusmodus) ermöglicht wird.

2) Sozialversicherungen müssen in der Folge lernen zu erkennen, dass sie über die personenzentrierte Leistungsrechtsgewährung hinaus und zwar in einem funktional-generativen Sinne (im Verbund mit anderen

verantwortlichen Kostenträgern) lokale Strukturen der Sozialkapitalbildung zu fördern haben, um Personen zu befähigen, ihre Entwicklungsaufgaben im Lebenslauf im regionalen Umfeld der Infrastrukturen von Cure (Medizin) und Care (insbesondere Pflege) alltagsbezogen aufgreifen und bewältigen zu können.

3) Sozialversicherungen sind keine Privatversicherungen. Sie dienen als Sozialschutzsysteme dem sozialen Rechtsstaat im Lichte des völkerrechtlich verbindlichen Inklusionsprinzips als Gewährleister der Dienstleistungen von allgemeinem Interesse im unionsbürgerschaftlichen Sinne.
4) Kommunen müssen lernen zu erkennen, dass sie ihren verfassungsrechtlich vorgegebenen Aufgaben der kommunalen Daseinsvorsorge aktiv – gestaltend – nachkommen. Die Länder haben wiederum die Aufgabe, ihre Kommunen dazu zu ermächtigen.
5) Es geht nicht (totalitär) darum, eine neue – eudämonistische – Sozialversicherung für den funktionsfähigen Alltag der Menschen einzuführen oder bestehende Kostenträger des Systems der Sozialgesetzgeber dorthin zu transformieren. Aber die öffentlich-rechtlichen Kassen müssen sich im Sinne der Polis (als kooperative Partner der Kommunen im Rahmen der landesgesetzgeberischen Konkretisierung des Bundesrechts) re-politisieren, sich also zu ideengetriebenen kreativen Mitgestaltern des Gemeinwesens entwickeln. Anders formuliert: Es geht nicht in erster Linie darum, nur Rechnungen zu prüfen und die Zahlungsanweisungen zu veranlassen. Es geht darum, die Bewältigung der Probleme der Menschen (im Horizont von Case Management) durch Förderung lokaler Strukturen der Generierung von Problemlösungen im Kontext regionaler Versorgungslandschaften (im Horizont von Care Management) zu ermöglichen.
6) Die Überlegungen resultieren aus dem hilfegenossenschaftlichen – solidaristisch verstandenen mutualen – Charakter der Gemeinde (Schulz-Nieswandt 2017 d)[21]. Dieser lokale Kontext sorgender Gemeinschaften in der regionalen Einbettung in Versorgungsstrukturen ist verankert im

21 Dazu demnächst: Schulz-Nieswandt, F. (2018): Daseinsvorsorge in der Kommune ernst nehmen: Bedarf und Perspektiven und die Rolle des bürgerschaftlichen Engagements; Schulz-Nieswandt, F. (2018): Der Netzwerkmensch und die Idee der Caring Communities in alternden Gesellschaften – eine dichte Darlegung; Schulz-Nieswandt, F. (2018): Caring Communities in alternden Gesellschaften. Eine genossenschaftswissenschaftlich inspirierte dichte (aber auch – auf Lichtung abstel-

sozialen Formcharakter des Rechtsstaates der föderalen Ordnung der Bundesrepublik Deutschland.

---

lende – dichtende) Darlegung als Metaphysik des Sozialen. In: Zeitschrift für öffentliche und gemeinwirtschaftliche Unternehmen 41 (3).

Literaturverzeichnis

BMFSFJ (Hrsg.) (2016): Siebter Altenbericht. Sorge und Mitverantwortung in der Kommune – Aufbau und Sicherung zukunftsfähiger Gemeinschaften. Berlin: BMFSFJ.

Brandenburg, H./Becker, S. (Hrsg.) (2014): Lehrbuch Gerontologie – Gerontologisches Fachwissen für Pflege- und Sozialberufe – Eine interdisziplinäre Aufgabe. Bern: Huber.

Brandenburg, H./Güther, H. (Hrsg.) (2015): Gerontologische Pflege. Bern: Hogrefe.

Brandenburg, H./Huneke, M. J. (2006): Übersiedlung und Wohnen im Heim. In: Brandenburg, H./Huneke, M. J. (Hrsg.): Professionelle Pflege alter Menschen. Stuttgart: Kohlhammer, S. 357-399.

Brandenburg, H./Schulz-Nieswandt, F. (2015): Auf dem Weg zu einer neuen Kultur der stationären Altenhilfe. In: Brandenburg, H./Güther, H./Proft, I. (Hrsg.): Kosten contra Menschlichkeit. Herausforderungen an eine gute Pflege im Alter. Ostfildern: Grünewald, S. 283-299.

Brandenburg, H. u. a. (2017): Projekt-Endbericht: Evaluation des Projekts „Nachstationäre Betreuung zur Wiedererlangung der Alltagskompetenz im häuslichen Umfeld durch den Förderverein ‚Unsere Brücke‘ Biberach e. V. (EPOS-B)“. Pflegewissenschaftliche Fakultät der PTH Vallendar. Vallendar 2017.

Burgi, M. (2013): Kommunale Verantwortung und Regionalisierung von Strukturelementen in der Gesundheitsversorgung. Baden-Baden: Nomos.

Coleman, E. A./Mahoney, F./Parry, E. (2005): Assessing the quality of preparation for posthospital care from the patient's perspective: the care transitions measure. In: Medical care 43 (3), S. 246-255.

Courtney, M. D. u. a. (2011): A randomized controlled trial to prevent hospital readmissions and loss of functional ability in high risk older adults: a study protocol. In: BMC Health Services Research 11, S. 202-208.

Dossa, A./Bokhour, B./Hoenig, H. (2012): Care Transition from the Hospital to Home with Mobility Impairments: Patient and Family Caregiver Experiency. In: Rehabilitation Nursing 37 (6), S. 277-285.

Estes, C. L./Swan, J. H. (Hrsg.) (1993): Long-term care crisis. Elders trapped in the no-care zone. Newbury Park, CA: Sage.

Foust, J. B./Vuckovic, N./Henriquez, E. (2012): Hospital to Home Health care transition: Patient, Caregiver, and Clinical Perspectives. In: Western Journal of Nursing Research 32 (2), S. 194-212.

Gardner, R. u. a. (2014): Is Implementation of the Care Transitions Intervention Associated with Cost Avoidance After Hospital Discharge? In: J Gen Intern Med 29 (6), S. 878-884.

Gioasa, J. L. u. a. (2014): An Examination of Family Caregiver Experiences during Care Transitions of Older Adults. In: Canadian Journal on Aging 33 (2), S. 137-153.

Görres, St. u. a. (2013): Prävention in der Pflege – Möglichkeiten und ihre Wirksamkeit. Berlin: ZQP.

Gröning, K./Sander, B./Kamen, R. v. (Hrsg.) (2015): Familiensensibles Entlassungsmanagement. Frankfurt am Main: Mabuse.

Grunwald, K./Langer, A. (Hrsg.) (2017): Sozialwirtschaft. Handbuch für Wissenschaft und Praxis. Baden-Baden: Nomos.

Hofmann, W. (2013): Demenz im Akutkrankenhaus: Was war neu 2012? Eine Literaturübersicht. In: Zeitschrift für Gerontologie und Geriatrie 46 (3), S. 198-202.

Janzen, P. (2014): Was passiert nach dem Krankenhaus? Lebensweltorientierung und die Praxis der Entlassung Pflegebedürftiger. Marburg: Tectum.

Joosten, M. (2007): Die Pflege-Überleitung vom Krankenhaus in die ambulante Betreuung und Altenpflege. Von der Lücke zur Brücke. Stuttgart: Thieme.

Kirchen-Peters, S. u. a. (2016): Pflegestützpunkte in Deutschland. WISO Diskurs 07/2016. Bonn: Friedrich-Ebert-Stiftung.

Kofahl, Chr./Schulz-Nieswandt, F./Dierks, M. L. (Hrsg.) (2015): Selbsthilfe und Selbsthilfeunterstützung in Deutschland. Berlin: LIT.

Kruse, A. (2017): Lebensphase hohes Alter. Verletzlichkeit und Reife. Berlin: Springer.

Landtag von Baden-Württemberg (2014): Antrag der Abg. Friedlinde Gurr-Hirsch u. a. CDU und Stellungnahme des Ministeriums für Arbeit und Sozialordnung, Familie, Frauen und Senioren. Geriatrische Rehabilitation in Baden-Württemberg. Drucksache 15/4614 vom 20.01.2014.

Logue, M. D./Drago, J. (2013): Evaluation of a modified community based care transitions model to reduce costs and improve outcomes. In: MBC Geriatrics 13, S. 94-104.

Mackert, J./Steinbicker, J. (2013): Zur Aktualität von Robert K. Merton. Wiesbaden: Springer VS.

Manville, M./Klein, M. C./Bainbridge, L. (2014): Improved outcomes for elderly patients who received care on a transitional care unit. In: Canadian Family Physician 60 (May), S. 263-271.

Ministerium für Arbeit und Sozialordnung, Familie, Frauen und Senioren (2014): Geriatriekonzept Baden-Württemberg 2014. Stuttgart.

Naylor, M. D. (2000): A Decade of Transitional Care Research with Vulnerable Elders. In: J Cardiovasc Nurs 14 (3), S. 1-14.

Naylor, M. D. (2004): Transitional Care for Older Adults: A Cost-Effective Model. In: LDI Issue Brief 9 (6).

Naylor, M. D. u. a. (2004): Transitional Care of Older Adults Hospitalized with Heart Failure: A Randomized, Controlled trial. In: JAGS 52, S. 675-684.

Naylor, M. D. u. a. (2009): Transitions of Elders between Long-Term Care and Hospitals. In: Policy, Politics, & Nursing Practice 10 (3), S. 187-194.

Pauls, H. (2013): Klinische Sozialarbeit. 3. Aufl. München-Weinheim: Beltz-Juventa.

Prognos/KDA (2017): Abschlussbericht im Projekt „Bestandsaufnahme und Entwicklungsmöglichkeiten niedrigschwelliger Betreuungsangebote im Rahmen der Pflegeversicherung". Im Auftrag des BMG. Köln. Mai 2017.

Sachßse, C. (1994): Mütterlichkeit als Beruf. 2. Aufl. Wiesbaden: Springer.

Schaeffer, D./Hämel, K./Ewers, M. (2015): Versorgungsmodelle für ländliche und strukturschwache Regionen. Anregungen aus Finnland und Kanada. Weinheim-Basel: Beltz-Juventa.

Schröer, W. u. a. (Hrsg.) (2013): Handbuch Übergänge. Basel-München: Beltz-Juventa.

Schulz-Nieswandt, F. (2003): Herrschaft und Genossenschaft. Berlin: Duncker & Humblot.

Schulz-Nieswandt, F. (2006): Sozialpolitik und Alter. Stuttgart: Kohlhammer.

Schulz-Nieswandt, F. (2010): Wandel der Medizinkultur? Anthropologie und Tiefenpsychologie der Integrationsversorgung als Organisationsentwicklung. Berlin: Duncker & Humblot.

Schulz-Nieswandt, F. (2012): Gemeinschaftliches Wohnen im Alter in der Kommune. Das Problem der kommunalen Gastfreundschaftskultur gegenüber dem *homo patiens*. Berlin: Duncker & Humblot.

Schulz-Nieswandt, F. (2012 a): Der homo patiens als Outsider der Gemeinde. Zur kulturellen und seelischen Grammatik der Ausgrenzung des Dämonischen. In: Zeitschrift für Gerontologie und Geriatrie 45 (7), S. 593-602.

Schulz-Nieswandt, F. (2013): Der leidende Mensch in der Gemeinde als Hilfe- und Rechtsgenossenschaft. Berlin: Duncker & Humblot.

Schulz-Nieswandt, F. (2013 a): Der inklusive Sozialraum. Psychodynamik und kulturelle Grammatik eines sozialen Lernprozesses. Baden-Baden: Nomos.

Schulz-Nieswandt, F. (2014): Onto-Theologie der Gabe und das genossenschaftliche Formprinzip. Baden-Baden: Nomos.

Schulz-Nieswandt, F. (2014 a): EU-Binnenmarkt ohne Unternehmenstypenvielfalt? Die Frage nach den Spielräumen (dem modalen WIE) kommunalen Wirtschaftens im EU-Binnenmarkt. Baden-Baden: Nomos.

Schulz-Nieswandt, F. (2015): „Sozialpolitik geht über den Fluss". Zur verborgenen Psychodynamik in der Wissenschaft von der Sozialpolitik. Baden-Baden: Nomos.

Schulz-Nieswandt, F. (2015 a): Zur verborgenen Psychodynamik in der theologischen Anthropologie. Eine strukturalistische Sichtung. Baden-Baden: Nomos.

Schulz-Nieswandt, F. (2015 b): Kommunale Daseinsvorsorge und demographische Schrumpfung. Ein Problemaufriss am Beispiel der Gesundheits- und Pflegedienste im Kontext des Wohnens. In: Kommunalwirtschaft. Sonderausgabe (Dezember), S. 16-20.

Schulz-Nieswandt, F. (2015 c): Gesundheitsbezogene und soziale Selbsthilfegruppen als bürgerschaftliches Engagement im sozialräumlichen Kontext kommunaler Daseinsvorsorge. In: DAG SHG (Hrsg.): Selbsthilfegruppenjahrbuch 2015. Gießen, S. 134-149.

Schulz-Nieswandt, F. (2016): Inclusion and Local Community Building in the Context of European Social Policy and International Human Social Right. Baden-Baden: Nomos.

Schulz-Nieswandt, F. (2016 a): Im alltäglichen Labyrinth der sozialpolitischen Ordnungsräume des personalen Erlebnisgeschehens. Eine Selbstbilanz der Forschungen über drei Dekaden. Berlin: Duncker & Humblot.

Schulz-Nieswandt, F. (2016 b): Hybride Heterotopien. Metamorphosen der „Behindertenhilfe". Ein Essay. Baden-Baden: Nomos.

Schulz-Nieswandt, F. (2016 c): Sozialökonomie der Pflege und ihre Methodologie. Baden-Baden: Nomos.

Schulz-Nieswandt, F. (2017): Menschenwürde als heilige Ordnung. Eine Re-Konstruktion sozialer Exklusion im Lichte der Sakralität der personalen Würde. Bielefeld: transcript.

Schulz-Nieswandt, F. (2017 a): Personalität, Wahrheit, Daseinsvorsorge. Spuren eigentlicher Wirklichkeit des Seins. Würzburg: Königshausen & Neumann.

Schulz-Nieswandt, F. (2017 b): Kommunale Daseinsvorsorge und sozialraumorientiertes Altern. Zur theoretischen Ordnung empirischer Befunde. Baden-Baden: Nomos.

Schulz-Nieswandt, F. (2017 c): Heterotope Überstiege in der Sozialpolitik im Namen des *homo patiens*. Überlegungen zu einer onto-theologischen Rechtfertigung des Menschen in der Rolle des Mitmenschen. In: Jähnichen, T. u. a. (Hrsg.): Rechtfertigung – folgenlos? Jahrbuch Sozialer Protestantismus Bd. 10 (2017). Leipzig: EVA, S. 187-208.

Schulz-Nieswandt, F. (2017 d): Überlegungen zur Rolle der Form des Genossenschaftlichen in einer sozialraumorientierten kommunalen Daseinsvorsorge. Thesen angesichts des 40. Jahrgangs der Zeitschrift für öffentliche und gemeinwirtschaftliche Unternehmen (ZögU) und im Lichte der aktuellen 49. und 50. Beihefte der ZögU. In: Zeitschrift für öffentliche und gemeinwirtschaftliche Unternehmen 40 (4), S. 309-317.

Schulz-Nieswandt, F. (2018): Metaphysik der Sozialpolitik. Richard Seewald und der *Renouveau catholique*: Spurensuche auf dem Weg zum religiösen Sozialismus. Würzburg: Köngshausen & Neumann (i. V.)

Schulz-Nieswandt, F./Greiling, D. (2018): Öffentliches Wirtschaften. Zur Morphologie des Gegenstandes. In: Krajewski, M./Mühlenkamp, H./Schulz-Nieswandt, F./ Theuvsen, L. (Hrsg.): Handbuch Öffentliche Wirtschaft. Baden-Baden: Nomos (i. V.).

Schulz-Nieswandt, F./Langenhorst, F. (2015): Gesundheitsbezogene Selbsthilfe in Deutschland. Zu Genealogie, Gestalt, Gestaltwandel und Wirkkreisen solidargemeinschaftlicher Gegenseitigkeitshilfegruppen und der Selbsthilfeorganisationen. Berlin: Duncker & Humblot.

Schulz-Nieswandt, F./Langenhorst, F. (2016): SONA. Wege finden – Seniorenorientierte Navigation in Mühlheim an der Ruhr. Ein Beitrag zur Evaluation des Projekts. Baden-Baden: Nomos.

Schulz-Nieswandt, F./Köstler, U. (2011): Bürgerschaftliches Engagement im Alter. Stuttgart: Kohlhammer.

Schulz-Nieswandt, F./Köstler, U./Langenhorst, F./Hornik, A. (2017): Zur Rolle der Gesundheitsselbsthilfe im Rahmen der Patientenbeteiligung in der gemeinsamen Selbstverwaltung gemäß § 140 f SGB V. Eine explorative qualitative Studie und theoretische Einordnungen. Berlin: Duncker & Humblot.

Smits, C. H. M. u. a. (2013): Aging in the Netherlands: State of the Art and Science. In: The Gerontologist 53 (3), S. 335-342.

Sowa, F./Staples, R. (Hrsg.) (2017): Beratung und Vermittlung im Wohlfahrtsstaat. Baden-Baden: Nomos.

Stauffer, B. D. u. a. (2011): Effectiveness and Cost of a Transitional Care Program for Heart Failure. In: Arch Intern Med 171 (14), S. 1238-1243.

Tebest, R. u. a. (2015): Angebot und Nachfrage von Pflegestützpunkten. In: Zeitschrift für Gerontologie und Geriatrie (8), S. 734-739.

Tebest, R. u. a. (2017): Pflegestützpunkte in Deutschland. Quo vadis? Ergebnisse der Evaluation aller baden-württembergischen Pflegestützpunkte. In: Gesundheitswesen 79 (2), S. 67-72.

Thiele, C. (2002): Der Umzug ins Seniorenheim. In: Zeitschrift für Gerontologie und Geriatrie 35 (6), S. 556-564.

Thomae, H. (1996): Das Individuum und seine Welt. Eine Persönlichkeitstheorie. 3., erw. u. verb. Göttingen: Hogrefe.

Wallace, S. P. (1990): The no-care zone: availability, accessibility, and accceptability in community-based long-term care. In: The Gerontologist 30 (2), S. 254-261.

Walter, U./Naegele, G. u. a. (2012): Geriatriekonzept für Baden-Württemberg. Aktuelle Situation und Anforderungen an die ambulante Versorgung und an eine zukunftsweisende Weiterentwicklung. Wissenschaftliche Expertise im Auftrag des Ministeriums für Arbeit, Sozialordnung, Familie, Frauen und Senioren Baden-Württemberg. Hannover/Dortmund.

Williams, C. u. a. (2006): Going home from hospital; the postdischarge experience of patients and carers in rural and remote Queensland. In: Australian Journal of Rural Health 14, S. 9-13.

Wong, F. K. Y. u. a. (2012): Cost-effectiveness of a health-social partnership transitional program for post-discharge medical patients. In: BMC Health Services Research 12, S. 479-486.

Zieschang, T./Bauer, J. N. (2017): Menschen mit Demenz. Wie begegnen wir den Bedürfnissen der Betroffenen und denen ihrer Angehörigen? In: Zeitschrift für Gerontologie und Geriatrie 50 (1), S. 1-3.

Verzeichnis der Internetquellen

www.bmas.de
www.bmg.de
www.dip.de
www.dza.de
www.kda.de
www.soziales-netzwerk-lausitz.de
www.unsere-bruecke.de

Zeitfracht Medien GmbH
Ferdinand-Jühlke-Straße 7
99095 Erfurt, Deutschland
produktsicherheit@kolibri360.de